OKAYAMA

岡山県

丸善出版 編

丸善出版

刊行によせて

　「47都道府県百科」シリーズは、2009年から刊行が開始された小百科シリーズである。さまざまな事象、名産、物産、地理の観点から、47都道府県それぞれの地域性をあぶりだし、比較しながら解説することを趣旨とし、2024年現在、既に40冊近くを数える。

　本シリーズは主に中学・高校の学校図書館や、各自治体の公共図書館、大学図書館を中心に、郷土資料として愛蔵いただいているようである。本シリーズがそもそもそのように、各地域間を比較できるレファレンスとして計画された、という点からは望ましいと思われるが、長年にわたり、それぞれの都道府県ごとにまとめたものもあれば、自分の住んでいる都道府県について、自宅の本棚におきやすいのに、という要望が編集部に多く寄せられたそうである。

　そこで、シリーズ開始から15年を数える2024年、その要望に応え、これまでに刊行した書籍の中から30タイトルを選び、47都道府県ごとに再構成し、手に取りやすい体裁で上梓しよう、というのが本シリーズの趣旨だそうである。

　各都道府県ごとにまとめられた本シリーズの目次は、まずそれぞれの都道府県の概要（知っておきたい基礎知識）を解説したうえで、次のように構成される（カギカッコ内は元となった既刊のタイトル）。

Ⅰ　歴史の文化編
　「遺跡」「国宝／重要文化財」「城郭」「戦国大名」「名門／名家」
　「博物館」「名字」
Ⅱ　食の文化編
　「米／雑穀」「こなもの」「くだもの」「魚食」「肉食」「地鶏」「汁

i

物」「伝統調味料」「発酵」「和菓子 / 郷土菓子」「乾物 / 干物」

Ⅲ　営みの文化編

　「伝統行事」「寺社信仰」「伝統工芸」「民話」「妖怪伝承」「高校
野球」「やきもの」

Ⅳ　風景の文化編

　「地名由来」「商店街」「花風景」「公園 / 庭園」「温泉」

　土地の過去から始まって、その土地と人によって生み出される食
文化に進み、その食を生み出す人の営みに焦点を当て、さらに人の
営みの舞台となる風景へと向かっていく、という体系を目論んだ構
成になっているようである。

　この目次構成は、一つの都道府県の特色理解と、郷土への関心に
つながる展開になっていることがうかがえる。また、手に取りやす
くなった本書は、それぞれの都道府県に旅するにあたって、ガイド
ブックと共に手元にあって、気になった風景や寺社、歴史に食べ物
といったその背景を探るのにも役立つことだろう。

＊　　　＊　　　＊

　さて、そもそも 47 都道府県、とは何なのだろうか。47 都道府県
の地域性の比較を行うという本シリーズを再構成し、47 都道府県
ごとに紹介する以上、この「刊行によせて」でそのことを少し触れ
ておく必要があるだろう。

　日本の古くからの地域区分といえば、「五畿七道と六十余州」と
呼ばれる、京都を中心に道沿いに区分された 8 つの地域と、66 の「国」
ならびに 2 島に分かつ区分が長年にわたり用いられてきた。律令制
の時代に始まる地域区分は、平安時代の国司制度はもちろんのこと、
武家政権時代の国ごとの守護制度などにおいて（一部の広すぎる国、
例えば陸奥などの例外はあるとはいえ）長らく政治的な区分でも
あった。江戸時代以降、政治的区分としては「三百諸侯」とも称さ
れる大名家の領地区分が実効的なものとなるが、それでもなお、令
制国一国を領すると見なされた大名を「国持」と称するなど、この
区分は日本列島の人々の念頭に残り続けた。

　それが大きく変化するのは、明治維新からである。まず地方区分

は旧来のものにさらに「北海道」が加わり、平安時代以来の陸奥・出羽の広大な範囲が複数の「国」に分割される。政治上では、まずは京・大阪・東京の大都市である「府」、中央政府の管理下にある「県」、各大名家に統治権を返上させたものの当面存続する「藩」に分割された区分は、大名家所領を反映して飛び地が多く、中央集権のもとで中央政府の政策を地方に反映させることを目指した当時としては、極めて使いづらいものになっていた。そこで、まずはこれら藩が少し整理のうえ「県」に移行する。これがいわゆる「廃藩置県」である。これらの統合が順次進められ、時にあまりに統合しすぎて逆に非効率だと慌てつつ、1889年、ようやく1道3府43県という、現在の47の区分が確定。さらに第2次世界大戦中の1943年に東京府が「東京都」になり、これでようやく1都1道2府43県、すなわち「47都道府県」と言える状態になったのである。これが現在からおよそ80年前のことである。また、この間に地方もまとめ直され、京都を中心とみるのではなく複数のブロックで扱うことが多くなった。本シリーズで使っている区分で言えば、北海道・東北・関東・北陸・甲信・東海・近畿・中国・四国・九州及び沖縄の10地方区分だが、これは今も分け方が複数存在している。

　だいたいどのような地域区分にも言えることではあるのだが、地域区分は人が引いたものである以上、どこかで恣意的なものにはなる。一応1500年以上はある日本史において、この47都道府県という区分が定着したのはわずか80年前のことに過ぎない。かといって完全に人工的なものかと言われれば、現代の47都道府県の区分の多くが旧六十余州の境目とも微妙に合致して今も旧国名が使われることがあるという点でも、境目に自然地理的な山や川が良く用いられているという点でも、何より我々が出身地としてうっかり「○○県出身」と言ってしまう点を考えても（一部例外はあるともいうが）、それもまた否である。ひとたび生み出された地域区分は、使い続けていればそれなりの実態を持つようになるし、ましてや私たちの生活からそう簡単に逃れることはできないのである。

＊　　　　＊　　　　＊

　各都道府県ごとにまとめ直す、ということは、本シリーズにおい

ては「あえて」という枕詞がつくだろう。47都道府県を横断的に見てきたこれまでの既刊シリーズをいったん分解し、各都道府県ごとにまとめることで、私たちが「郷土性」と認識しているものがどのようにして構築されたのか、どのように認識しているのかを、複数のジャンルを横断することで見えてくるものがきっとあるであろう。もちろん、47都道府県すべての巻を購入して、とある県のあるジャンルと、別の県のあるジャンルを比較し、その類似性や違いを考えていくことも悪くない。あるいは、各巻ごとに精読し、県の中での違いを考えてみることも考えられるだろう。

　ともかくも、地域性を考察するということは、地域を再発見することでもある。我々が普段当たり前だと思っている地域性や郷土というものからいったん身を引きはがし、一歩引いて観察し、また戻ってくることでもある。有名な小説風に言えば、「行きて帰りし」である。

　本シリーズがそのような地域性を再発見する旅の一助となることを願いたい。

2024年5月吉日　　　　　　　　　　　　　　執筆者を代表して

　　　　　　　　　　　　　　　　　　　　　森　岡　　浩

目　　次

知っておきたい基礎知識　1

基本データ（面積・人口・県庁所在地・主要都市・県の植物・県の動物・
該当する旧制国・大名・農産品の名産・水産品の名産・製造品出荷額）
／県章／ランキング1位／地勢／主要都市／主要な国宝／県の木秘話
／主な有名観光地／文化／食べ物／歴史

I　歴史の文化編　11

遺跡 12 ／国宝/重要文化財 19 ／城郭 24 ／戦国大名 32 ／名門/名家 38
／博物館 46 ／名字 51

II　食の文化編　57

米/雑穀 58 ／こなもの 64 ／くだもの 68 ／魚食 73 ／肉食 77 ／地鶏
82 ／汁物 85 ／伝統調味料 90 ／発酵 94 ／和菓子/郷土菓子 100 ／乾物
/干物 107

III　営みの文化編　111

伝統行事 112 ／寺社信仰 118 ／伝統工芸 124 ／民話 129 ／妖怪伝承
134 ／高校野球 140 ／やきもの 146

v

Ⅳ　風景の文化編　151

地名由来 152 ／商店街 157 ／花風景 163 ／公園/庭園 169 ／温泉 175

執筆者／出典一覧　178
索　引　180

【注】本書は既刊シリーズを再構成して都道府県ごとにまとめたものであるため、記述内容はそれぞれの巻が刊行された年時点での情報となります

岡山県

知っておきたい基礎知識

- 面積：7114km²
- 人口：183万人（2024年速報値）
- 県庁所在地：岡山市
- 主要都市：倉敷、津山、総社、玉野、笠岡、高梁、新見、美作
- 県の植物：アカマツ（木）、モモ（花）
- 県の動物：キジ（鳥）
- 該当する令制国：山陽道備前国（南東部および児島半島）、備中国（倉敷市を含む西部）、美作国（津山盆地を中心とした北東部）
- 該当する大名：岡山藩（池田氏）、津山藩（森氏・松平氏）、備中松山藩（板倉氏など）、新見藩（関氏）など
- 農産品の名産：モモ、トマト、牛肉、米、マスカット、豆など
- 水産品の名産：サワラ、イカナゴ、シャコなど
- 製造品出荷額：7兆601億円（2020年）

● 県　章

岡山の「岡」の字を円形に図案化したもの。

●ランキング1位

・**学生服出荷額**　2020年工業統計によれば、金額において全国の61％を占めている。岡山県南部の低地は干拓に伴ってできた土地が多いことから、塩気に強い綿花がよく生産されており、それを背景として児島（現在は倉敷市域）を中心に生産が急速に発展した。現在はポリエステルなど化学繊維による生産ももっぱらではあるものの、産地としての地位を維持している。なおこのほか南西部の井原で生産されていた藍を背景とするジーンズや、スポーツウェアなどにおいても岡山は特に有名である。

●地　勢

　中国地方の瀬戸内海側、山陽地方とも呼ばれているうちの東側を占める、古くは「吉備」と呼ばれていた一帯である。県域には山も多いものの、旭川・高梁川・吉井川などの大きな河川が流れ込む岡山平野が、これらの河川による堆積物と戦国時代以来の干拓によって形づくられており、中国地方きっての広大な平地を形成している。また、内陸部にも津山盆地や新見盆地をはじめとして、中国地方内陸部の交通の要衝となってきた谷間がいくつかある。大きくはこの岡山平野を中心とした備前、高梁川を中心とした備中、津山盆地を中心とした美作に分かれると考えればわかりやすい。

　海岸線は瀬戸内海全体の傾向にもれず比較的入り組んでおり、牛窓や下津井のように廻船や風待ちで栄えた港も存在する。児島半島と岡山平野を分けているのが児島湾とその名残である児島湖である。なお、詳細は後述するが児島は古くは本当に島であり、倉敷市・岡山市の周辺地域にはこの名残で「島」とつく地名が多い。

　山としては地盤が比較的安定していることで知られる吉備高原や、北部の保養地であり牛の放牧地としても知られる蒜山高原などがあげられる。先述した河川はこれらの山の中に、山陽と山陰を繋ぐ道筋を形作っている。また、鉱物資源もいくつかあり、吉備高原の中ほどに多数の銅を産出して今もその街並みが残る吹屋や、吉井川を交通路としてもち硫化鉄鉱を産出した柵原などがあげられる。

●主要都市

・**岡山市**　古くは戦国時代の末期に宇喜多氏によって築かれた城が大改修

を受けて誕生した城の城下町に由来する県庁所在地。それ以前から近隣を流れる川の渡し場が栄えており、城下町としての建造にあたりそれらの機能を取り込んだ。現代においても四国方面や山陰方面への出入り口として、交通の要衝としての地位を維持している。岡山城は「烏城」とも呼ばれる黒い天守閣の姿で有名。

・倉敷市　備中地域南部、岡山に次ぐ規模を誇る都市。美観地区が有名な中心部は、江戸時代に周辺地域の幕府領行政の中心かつ綿などの集散地として発展した町。このほか、合併により、瀬戸内海海路の風待ち湊に由来する児島（下津井など）や、近世初頭に港町として栄えた玉島を含んでいる。また、南部の水島は国内きってのコンビナートとして有名。

・津山市　北東部の美作地域の中心地であり、近世初頭に築かれた城下町に由来する。ただしそれ以前から、北部の山岳地域の中に開けた平地として、美作の中では早くから人が暮らしていた。

・総社市　中部西側の高梁川のほとりにある小都市。近隣には国分寺などがあり、備中でも早くから開けた地域だった。地名も、国司が備中国内の神社に巡拝する代わりに、ひとところにすべての神を祀ってお参りするようにした神社「総社宮」に由来する。

・玉野市　南部の児島半島の南岸、近代以降に造船の町として栄えた玉と、四国と本州をつなぐ宇高連絡船の出発地として栄えた宇野の二つが合併してきた都市。瀬戸大橋の開通以降は、本州四国間の連絡という主な役割はそちらに譲っている。

・高梁市　備中地域中央部の城下町であった備中松山に由来する都市。備中松山城は現存12天守の一つとして、また山城ゆえの雲海の上に浮かんでいるように見える様で有名である。

・笠岡市　南西部沿岸にある、古くは海運で、近代以降は採石業で栄えた都市。湾内の干潟は「生きた化石」とも呼ばれるカブトガニの繁殖地としても知られている。なお、その地理的関係もあり、北にある井原市ともども西隣の広島県福山市との関係が深い。

●主要な国宝

・太刀 無銘 一文字（山鳥毛）　備前長船刀剣博物館に所蔵される鎌倉時代の太刀。長船とは中世において備前で最もにぎやかな街だった福岡の市の北隣にあたる場所で、たたら製鉄産地に近いことによる良質な鉄に加え

て、山陽道や吉井川に近いことから流通の便もよく、国内を代表する日本刀の産地として中世に栄え、また愛好された。本刀剣も越後の戦国大名である上杉景勝が特に選んだコレクションの一つとして知られている。

・吉備津神社　国宝に指定されているのは1425年に再建された本殿と拝殿。二つの同じくらいの入母屋造を繋いだ様式は全国でもここにしかなく、中世の神社建築の代表例にも数えられる。吉備津神社は岡山県の中でも特に由緒ある古社であり、『雨月物語』の背景にもなった、鬼退治の物語がその由緒として伝えられている。

・閑谷学校　岡山藩初期の藩主である池田光政は儒教を好み、領内の整備に尽力したことで知られているが、その彼が現在の備前市に領民向けに建てた学校である。国宝に指定されているのは、創建以来の講堂であり、巨大な空間が長年にわたり維持されてきた。その存続期間は実に明治時代にまで及ぶ。

●県の木秘話

・モモ　バラ科の薄いピンク色の花を咲かせる、実の甘さでも有名な果樹。岡山において果樹生産が本格的に始まるのは明治時代のことだが、特に品種改良においては1900年代前後に多数の取り組みがなされ、現在よく知られる白桃品種は岡山で誕生した。ブドウ、特にマスカット系統についても同様の経過をたどっている。

・アカマツ　山岳地帯、特に水捌けがよい真砂土などでもよく育つ針葉樹。岡山県では多くの山地に見られ、また三名園の一つである後楽園（岡山市）にもある。ただ、戦後1980年ごろから全国に広がった松くい虫の被害も深刻で、県で対策を行っている。

●主な有名観光地

・後楽園　岡山城の黒い天守閣から旭川を挟んで対岸に広がる広大な大名庭園。1687年から時の藩主によって作庭がすすめられ、回遊式への改編や整備など、時々に応じて藩主の好みに応じた整備がなされてきた。なお、この川沿いの広大な用地はその旭川と吉井川の間に広大な土地を創り出した「沖新田」の干拓に伴って利用可能になったものである。

・倉敷美観地区　倉敷市の中心部、倉敷川のほとりに広がる一帯は江戸時代の土倉づくりの民家や、明治時代に紡績などで財をなした事業家などに

4

よる洋風建築が面的に立ち並ぶ一帯になっている。ある時この地域で古くからの地主にして紡績の事業家としても知られていた大原總一郎が、ドイツの都市をヒントに街並み保存を思い立ったと伝えられている。その後、倉敷市中心部は空襲被害を受けずに済み、彼や住民の主導で街並み保存に取り組まれた結果、現在の姿が残っている。このことは伝統的建築物保存地区の制度のさきがけともなった。

・備中松山城　高梁川の中ほどにある小盆地である高梁市は、江戸時代を通じて城下町として、また高梁川と東西の街道が交差する都市として栄えた。この城は430mほどの山の上にそびえる山城であり、その険しさもあって明治時代の廃城令以降も山上の建造物が残されていた。しかし、整備もされずに荒れ果てていたところを、戦前から徐々に復興が始まって、現在見る、雲海の上に浮かぶような光景も見られる城となっている。

・牛窓　南東部の瀬戸内市の沿岸部、南に小豆島（香川県）を望む牛窓は古くから天然の良港として知られており、多くの船が行き来していた。現在ではその役目はほぼ終えたものの、瀬戸内の多島海が織りなす景観は絶景として知られ、リゾートホテルなどもある。

・蒜山高原　北部の真庭市の中でもさらに北側、鳥取県の県境をなす大山の麓に広がるリゾート地。ジャージー牛の放牧や、鳥を甘いたれで絡めたひるぜん焼そばも有名。

●文　化

・横溝正史と岡山県　日本を代表する推理小説作家である横溝正史は、第二次世界大戦中に南西部の倉敷市真備町のあたりに疎開した。そのためか、傑作が多いとされる金田一耕助シリーズには、岡山県とその周辺地域を舞台とするものがいくつかある。例えば、『八つ墓村』は県境付近で戦国時代にあった尼子氏滅亡に伴う落ち武者の伝承がベースにあり、県北部に見られる鍾乳洞や牛の放牧といった生業・地形も登場する。『獄門島』は瀬戸内海に浮かぶ小島での漁業慣習が背景に登場している。

・桃太郎伝説と吉備津の釜　岡山県は古くから桃太郎伝説の原型があった土地といわれているが、その原型というのが吉備津神社のいわれである。昔、まだ岡山平野が海だったころ、温羅という「鬼」が周辺を支配していたのを、吉備津彦という人物が、いま吉備津神社があるあたりに陣取って戦い、ついにその首を取ったという物語である。その首はどくろになって

も荒ぶる声をやむことがなく困っていたところ、ある日の夢枕に「かまど
で神饌を炊いてくれれば、何か事があった時には釜のなる音でその吉凶を
知らせよう」と温羅が言ったことから、鳴釜神事が始まったとされている。
そして、その釜が全く鳴らなかった、という凶事を発端として物語られる
のが、江戸時代の名作『雨月物語』中の一編「吉備津の釜」である。

・星 空　南東部の井原市にある美星町は、その名の通り星空のきれいな
町として知られており、全国に先駆けて光害の防止条例を作ったことでも
知られている。この星空は、岡山県の特徴でもある晴れの日が非常に多い
こと、山は多いが高い山は少なく、気流も安定していることなどがそのき
れいさの原因として挙げられている。

●食べ物

・ままかり寿司　ままかりとは瀬戸内海で獲れる小魚で、これを酢漬けに
して握りずしにしたものである。ままかりというのは岡山地域での呼び名
だが、「飯を借りに行くほどおいしい魚」という意味だとされている。

・津山ホルモンうどん　美作地域をはじめとした北部地域は古くから牛の
産地であり、江戸時代には耕作用や労働用に、明治時代以降にはこれに加
えて肉用にも多数の生産があった。このため、牛の市が立つ津山などの周
辺では牛やその精肉過程で出る臓物などが容易に手に入れやすく、すでに
江戸時代から例外的に肉食の記録がある。ホルモン焼きとうどんを絡めた
この料理もその系譜上にあり、津山を代表するB級グルメとなっている。

●歴　史

●古　代

　瀬戸内海の中ほど、現在でも瀬戸大橋がかかるほどに四国と本州が近接
するこの一帯は、早くから大勢力が育ったとみられている。すでに弥生時
代の後期には集団化していたと考えられており、古墳時代に入る5世紀の
始めには、南部に造山古墳という国内第4位の大きさを誇る巨大古墳が建
造されている。また、この地域は中国地方特有の砂鉄も多く、古代の製鉄
遺跡がいくつも存在している。この製鉄は、当初九州から近畿地方に向か
う交易路に乗って流通した朝鮮半島産の鉄を加工していたものが、6世紀
後半ごろから自力で生産するようになったと考えられている。この製鉄遺

跡の中で最も古い時代とみられているのが、総社市にある千引カナクロ谷製鉄遺跡である。また、塩も生産されていた。

　ここで注意すべきなのは、当時の岡山県南部の地形は現在と大きく異なっている点である。このころ、倉敷や岡山の町が現在ある場所を含めた岡山平野の大半には広い入海が入り込んでいた。現在、児島湾と児島湖がその名残となっているこの内海は、近世にかけて「吉備の穴海」の名で知られている。現在の児島半島もこのため、当時は文字通りの「児島」という島であり、『古事記』の国生み神話にも生み出された島の一つとして名が挙がっている。この児島が大きく穴海の南の境となっているために、穴海の波は穏やかで、平安時代に至るまで瀬戸内海の主要航路は児島の北側を通過していた。つまり、現在の吉備地域は船の立ち寄りやすい土地だったのである。

　『日本書紀』には5世紀の中盤頃（雄略天皇をいわゆる「ワカタケル」とみなした場合の推定）、吉備地域の豪族の反乱が鎮圧されたという記載があるものの、この反乱がそもそも実在していたのか、という点そのものから曖昧である。ただ、強大な勢力を誇っていた吉備が7世紀にかけて徐々に近畿地方の朝廷の統制のもとに入っていったこと、最終的には7世紀末に、令制国として吉備の版図が備前・備中・備後に分割されたことは確かである。ただし美作のみ、やや遅れて備前国から713年に分かれている。平安時代においても、旧吉備の一帯は鉄や金属鉱物の産地として、また塩の産地として知られていた。美作地域でも製鉄遺跡が発見されている。

●中　世

　しかし、製鉄の進展は地形に大きな影響を与えた。中国山地の花崗岩を主体とする侵食・風化されやすい砂や石は、製鉄やそれに伴う木々の伐採に伴って流出していき、穴海に注ぎこむ吉井川、高梁川、旭川それぞれの堆積物を増やしたのである。かくして、穴海北岸の海岸線は児島の方向に向かって年々南下していき、加えて浅い海の干拓も始まったと考えている。水深の低下の度合いは平安時代末期の治承・寿永の乱（源平合戦）の最中に、児島へと馬でも渡れる浅瀬を知っている男が殺されたという逸話「藤戸」にも残されることになった。

　一方、平地が広がるということは、この時代においては農地が増えるということでもあり、鎌倉時代にはすでに備前で二毛作（米と麦の栽培）が

行われていたという記録もある。また、産品が豊かな地域であるという点は変わらず、東寺の領地として詳細な記録がある新見荘などをはじめ多数の荘園が開かれた。吉井川と山陽道の交差点には国内屈指の市場町として、また刀の産地として知られた福岡の市が栄え、倉敷からやや内陸に入ったあたりにもすでに港があったようである。鉄産地としてはもう一つ、備中国青江（倉敷市北側）もよく知られている。

　南北朝の騒乱を経て、備中では細川氏、備前は赤松氏がもっぱら守護を務めたが、美作の守護は揺れ動いた。戦国時代にも、これら3国をまとめる勢力はなかなか現れず、国人が集合離散を繰り返している。そのような中で最終的に頭一つ抜けたのが宇喜多直家で、彼は西から勢力を伸ばす毛利氏や、東から進攻しようとする織田氏との間で立ち回り、最終的に子の秀家の代に、備前・美作・備中東部地域を支配する大大名となる。この親子の時代に岡山城が整備され、長らく栄えた福岡の市の機能はそちらに移った。

　しかし、1600年、関ヶ原の戦いの戦後処理の一環として、当時西軍の重要人物であった秀家は改易。短期間の小早川秀秋による統治を経て、池田光政が岡山城主となる。

● 近　世

　近世の県域は、備前一帯を支配する岡山藩の周りに、津山と備中松山（のちに新見も追加）の中小の大名、また倉敷（中期以降は笠岡にも設置）にある幕府代官所の支配となる領地が点在するという形となった。また、この江戸時代を特徴づける各地での新田開発の波の中で、干拓や埋め立てに適した浅い場所が多い穴海が見逃されることはなく、ついに江戸時代の初期、穴海の多くが干拓され、特に西側の水路はふさがり、穴海は児島湾となった。新開地はやや塩気が多かったため、稲作よりは商品作物の綿花の栽培が盛んにされるようになり、このことがその綿花集散地としての倉敷の発展を促すことになる。また、瀬戸内海海運は児島半島の南側を通るようになったが隆盛で、金毘羅参りへの港町として栄えた下津井や、朝鮮通信使の立ち寄ることで知られた牛窓などが賑っている。岡山では特に初期の藩主である池田光政が、閑谷学校の設立や農地の開発、岡山領内諸街道の整備などで有名である。

　美作など北部地域は山岳地帯故の地味の悪さに悩まされるが、一方で牛

や馬の大産地としてこの時期から知られるようになる。津山の町は山陽と山陰をつなぐ交通の要衝としてにぎわった。

とはいえ、これだけの特産品があった岡山でも、各藩は財政難に悩んだ。岡山藩では、幕末の倹約令において、被差別部落民にさらに衣料などの制限を強いようとして反発を招いた渋染一揆はよく知られている。一方、備中松山では山田方谷が藩主の板倉勝静の信任を得て財政再建に成功している。

● 近　代

幕末の岡山県域の藩は難しい立場をとることになった。大大名で幕府にも近い立場だった岡山藩は最終的に新政府方につき、姫路や備中松山などに開城交渉にあたった。ちょうどそのとき、備中松山は先述の藩主勝静が幕政に深くかかわっていたために攻められ、藩に残っていた方谷らが領民・藩主の安全確保などのため開城を行っている。徳川氏の一門である津山の松平家は何回か、幕末の幕政に関与しようとしている。

廃藩置県とその後の整理により、1871年中に備前を管轄する岡山県、美作を管轄する北条県、備中と備後福山一帯を管轄する小田県が設置。うち1875年に北条県が、1876年に小田県のうち備中地域が合併されて現在の県域が確定した。

これ以降の岡山県は中国地方の中でも物産の豊かな県として引き続き栄える。繊維産業に始まる紡績業は県内南部に工業の集積を促し、倉敷の繁栄をもたらした。とくにこれを背景とした大原孫三郎による社会事業や、社会福祉に先鞭をつけた「岡山四聖人」（石井十次、留岡幸助、山室軍平、アリス・アダムス）はよく知られている。加えて、工業面でも塩田の跡地のコンビナート開発、さらには交通面での瀬戸大橋開通や山陽新幹線の開通、伯備線の高速化などによる交通網の改善など、岡山が持つ交通の中枢という性格は、今も本県の基盤となっている。他方、北部地域は戦後のエネルギー転換などにより基盤産業が衰え、過疎が進んでいる。

南部地域の都市のスポンジ化（中心部の人口流出・未利用地の増加と郊外への拡大）も深刻である。とはいえ、モモや牛などの農産物、下津井や高梁、倉敷をはじめとした街並み、また吉備津神社などの寺社仏閣や岡山城などの城といった観光資源によって、瀬戸内の観光地としての魅力は多くの人々を惹きつけている。

【参考文献】
・藤井学ほか『岡山県の歴史』山川出版社、2012
・門脇禎二ほか『古代を考える 吉備』吉川弘文館、2005
・谷口澄夫『岡山藩』吉川弘文館、1995

I

歴史の文化編

遺　跡

楯築遺跡（旋帯文石）

地域の特色

　岡山県は、中国地方の東部、瀬戸内海中央部の北岸に位置する。西は広島県、東は兵庫県、北は中国山地を境として鳥取県、南は瀬戸内海を隔てて香川県に接する。吉井、旭、高梁の3河川は、中国山地に源を発し、吉備高原を通り南流する中国地方でも有数の河川である。これらの河川の支流を含めて沖積平野が形成されるが、東北東から西南西に延びる小丘陵が点在して平野を分断しているため、平野の規模は大きくない。また、これらの河川は、現在干拓された旧児島湾北面へと流れていた。

　この旧沿岸域には縄文時代の貝塚が数多く点在するとともに、特に旭川による沖積平野である岡山平野が広がる微高地には、弥生時代の前期以降、遺跡が認められる。また律令期には、調として鉄や塩があげられるなど、その産地であったことが知られ、関連した遺跡や遺物も多数発見されており、吉井川、旭川水系の上流域には製鉄関連遺跡も多い。高梁川流域の総社盆地・平野も、縄文・弥生時代の数多くの遺跡が認められるとともに、造山古墳をはじめ古代吉備の中核的な位置を占めた土地として評価できる。

　吉備国とは、古来、岡山県・広島県東部地域を指した呼び名で、律令制によって旭川・吉井川上流域の美作（備前より分化）、同下流域の備前、高梁川全流域の備中、さらに西の備後に分けられた。記紀の国生み神話にも「吉備子洲（児島）」が登場し、神武天皇の東征では「吉備国」の高島宮に滞在したことが記されるなど、早期に大和朝廷の支配下に入ったと評価されている。中世以降、土肥氏、長井氏などが備前・備中・備後国の守護となり、後に備後は山名氏、備中は細川氏、備前・美作は赤松氏と山名氏が覇権を争った。戦国時代には美作、備前は宇喜多氏、ほかは毛利領となる。

　関ヶ原の戦の後は、備前、備中は池田氏、備後は浅野氏、水野氏、美作は森氏（後の松平氏）を中核として、天領やほかの大名・旗本領が複雑に

12　　凡例　史：国特別史跡・国史跡に指定されている遺跡

混在した。廃藩置県後も15県が分立したが、1871年岡山県（備前国）・深津県（備中国・備後国東部の一部）・北条県（美作国）の3県に統合され、後に深津県は小田県と改称され岡山県と合併、1976年4月には北条県も岡山県に合併され、現在の県域が確定した。

主な遺跡

津雲貝塚（つくも）

＊笠岡市：旧笠岡湾の東、入海北岸の丘陵緩斜面、標高約6mに位置　時代 縄文時代中期～晩期　史

1915～21年にかけて形質人類学者の清野謙次（きよのけんじ）らによる調査が行われ、貝層の直下より人骨160体以上が発見され、「日本人種論」にも利用されたほか、抜歯の痕跡など研究史上、重要な位置を占める。また、埋葬姿勢が明らかになるとともに、乳児を納めた晩期の甕形土器（かめがたどき）も知られている。加えて、鹿角製腰飾（ろっかくせいこしかざり）や貝輪といった装身具を伴う人骨が多いのも特徴的である。貝層は南北60m、東西40mほどで、ハイガイを主体とする。土器は早期～晩期に及ぶが、中期～晩期を主体とし、標識遺跡として位置づけられている。国指定史跡。

門田貝塚（かどた）

＊瀬戸内市：吉井川左岸の平野、沖積微高地上、標高約3mに位置　時代 弥生時代前期～後期　史

戦前より存在が知られ、1950年以降に断続的に調査が行われて、特に弥生時代の貝塚を伴う集落遺跡であることが明らかとなった。貝層はU字状の溝に堆積しており、主体はハイガイとシジミで、獣骨や魚骨も多数検出されている。また、中部瀬戸内地域における弥生土器の標識遺跡としても著名である。土器だけでなく、貝輪や網針（あみばり）といった骨角器（こっかくき）も出土している。弥生時代だけでなく、古墳時代、奈良時代から平安時代にかけての遺構や遺物も検出されており、長く集落としての活動が継続されていたことを示唆している。1998年に国指定史跡となり、復元住居など史跡公園としての整備が行われている。

津島遺跡（つしま）

＊岡山市：旭川の旧西側分流、沖積微高地の標高約4mに位置　時代 弥生時代前期～後期　史

1961年、62年の調査で炭化した稲籾の貯蔵穴が発見され、1968年、県立武道館建設に伴う発掘調査において、水田と竪穴住居跡（たてあなじゅうきょあと）などが全国で初めて同時に検出され、弥生時代の集落像が明らかとなった。弥生時代前期の矢板列痕（やいたれつこん）をはじめ、中期後半以後は、洪水堆積による砂層上に集落が営まれていた。同時代後期には、多数の竪穴住居跡や貯蔵穴・水路などが

Ⅰ　歴史の文化編　13

検出されており、湿地に近い地点では壺棺墓群が認められている。古墳、奈良、平安時代の遺構、遺物も検出されており、継続的な土地利用の様相がうかがわれる。遺跡調査後、県内の考古学研究者を中心として遺跡保存運動が高揚し、遺跡は破壊を免れ、中核部分が国指定史跡となった。

なお、百間川遺跡群（岡山市）は沖積平野に立地する遺跡で、1977年以来、調査が行われ、百間川原尾島から兼基にかけて、約2.5kmに及ぶ広範な一帯から、特に後期終末期の水田跡が発見されている。竪穴住居跡や掘立柱建物、井戸などの集落跡も検出され、弥生時代だけでなく古墳時代へと続く継続的な土地利用の状況も認められている。弥生時代前期における微高地縁辺のみならず、沖積低地へと水田が拡大していく様相を見ることができる。

用木山遺跡
＊赤磐市：砂川右岸の低丘陵の丘陵上と斜面地、標高50〜100mに位置　時代　弥生時代中期

1969年より始まった県営山陽団地建設に伴う発掘のなかで、1971年、斜面の広範な範囲に120軒以上の竪穴住居跡や高床建物跡、貯蔵穴が多数検出されたものである。石鏃や石槍、石斧、石包丁も多数出土したほか、分銅形土製品が36点検出され、注目された。本遺跡付近では古墳も認められており（用木山古墳群）、前方後円墳（全長約37m）・前方後方墳（全長約42m）が各1基、円墳9基、方墳5基が1970年に調査され、古墳時代前期の様相が明らかになったものの、団地の建設に伴い消滅した。近接する丘陵上には弥生時代中期の遺跡が多数認められ、この時期の集落の立地形態を考えるうえで、示唆的である。また、本遺跡の北に位置する尾根に立地する便木山遺跡（赤磐市）では、弥生時代後期の土坑墓や土器棺墓が検出され、溝からは葬祭に用いられたと考えられるいわゆる埴輪につながる「特殊器台（縦長の胴部に、透し穴や弧帯文が装飾され、赤色顔料が塗布される）」や「特殊壺（特殊器台上に置かれる大形壺）」といった供献土器も発見されている。土坑墓は4〜10基程度のまとまりをもち、家族単位で行われていた埋葬の状況を示唆しているとも考えられている。

楯築遺跡
＊倉敷市：足守川右岸、王墓山丘陵の東北端、標高約50mに位置　時代　弥生時代末期　史

王墓山丘陵に点在する墳墓群の1つ。1976〜86年にかけて岡山大学を中心として断続的に調査が行われた。東北と南西にあった円丘突出部が、近年の土地開発などにより削失、改変されているが、直径約40m、高さ5mを測る不整円形を呈する。中央に墓坑が設けられ、長さ3.5m、幅

1.5mの木郭痕跡が認められた。内部には約32kgに及ぶ辰砂が詰められた木棺跡も検出され、硬玉勾玉、碧玉管玉、ガラス小玉、鉄剣などが副葬されていた。墳丘の斜面や裾に列石を配し、墳頂にも立石が立ち並んでいることが「楯築」の名の由来でもある。また、墓坑の覆土上部では特殊器台や特殊壺、土製の勾玉、管玉が出土した。また、古墳を境内地としている楯築神社の御神体である石（帯状の弧文を刻んだもの）と同じ模様をもった石の破片が共伴するかたちで認められた。

　この王墓山の尾根には、ほかにも女男岩遺跡（倉敷市）や辻山田遺跡（倉敷市）などがあり、例えば女男岩遺跡では尾根の最高所中央に、長さ2.5m、幅1m以上の大型土坑が検出され、底がU字型の粘土床に両端部を石積とした構造で木棺が納められていた。人骨は青年と推定され、剣2本が副葬されていた。周辺の溝からは土器片が検出され、特殊器台や特殊壺が検出されている。特に器台上部に家形を形づくった土器は興味深い。また楯築遺跡の直下にある足守川の川底遺跡（足守川加茂B遺跡〈岡山市〉）からは卜骨が出土している。こうした一連の遺跡や遺物の様相は、古墳出現前夜の吉備地方における首長らの活動を示唆するものであり、王墓山の位置づけがどのようなものであったのか興味をそそられる。

金蔵山古墳
*岡山市：東西に連なる操山の中央部、標高115mに位置
時代 古墳時代前期

　1953年、倉敷考古館により後円部の発掘調査がなされた。竪穴式石室が2基（長さ7m・6m）、古墳長軸に対して直交して並ぶ。石囲いと円筒埴輪列がそれらの石室を方形で取り囲み、後円部中央の石室には、埴輪列の東側直下に副室が設けられており、そこには埴輪質の合子4点が発見された。中には鉄製の武具、農具、工具、漁具が納められ、当時の鉄器の様相を知る貴重な資料となった。石室は古くから盗掘を受けていたが、中央石室では筒型銅器片、鍬形石断片が、南石室からは仿製二神二獣鏡や管玉、琥珀玉、滑石製勾玉などが発見された。埴輪では、円筒、盾形、キヌガサ形のほか、水鳥や家などをかたどった形象埴輪も出土している。出土遺物の様相や埴輪の形態から、4世紀終末期築造の古墳と考えられている。

作山古墳
*総社市：総社平野南縁の低丘陵端を利用し、標高約11mに位置　**時代** 古墳時代中期　史

　県下で2番目の規模をもつ前方後円墳。全長約286m、後円部径174m、高さ24m、前方部幅174m、高さ22mを測る。3段築成で各段に円筒埴輪列を配し、斜面には角礫の葺石を貼っている。周濠は認められず、元来構

I　歴史の文化編　15

築されていないものと考えられる。北西側のつくり出しは現存するが、南東側墳裾は集落が存在し、現存しない。主体部は不明だが、5世紀中頃の築造と推定されている。国史跡。

造山古墳（つくりやま）
*岡山市：足守川右岸、備中総社平野の南縁、標高約23mに位置　時代　古墳時代中期　史

　全国4番目の規模をもつ前方後円墳。東側を中心として後世の改変が認められるが、推定される全長は約360m、後円部径が約224m、高さ約29m、前方部幅約230m、高さ約25m。墳丘は3段築成で、墳丘および主体部については本格的な調査は行われていないが、デジタル測量調査や墳端部、周濠などに関する学術調査が、2005年以降に岡山大学を中心として行われている。遺物は、円筒埴輪のほか、盾形・靫形・蓋形・家形の各形象埴輪が見られ、5世紀初頭頃に築造されたものと考えられている。

　後円部の墳頂を中心に、戦国時代に羽柴秀吉による備中高松城の水攻めに際して、毛利方の砦として利用されたと考えられ、その痕跡が残る。前方部の墳頂には、小祠が建つほか、阿蘇溶結凝灰岩と思われる刳抜式石棺の身と蓋の断片が残置されているものの、元来造山古墳より出土したものか否か判然としていない。隣接して築かれた6基の陪塚とされる古墳を合わせて「造山古墳群」とも呼ばれる。なお、千足古墳（造山第5号古墳・墳長74m、後円部径54m・帆立貝形古墳）は吉備最古の横穴式石室が構築されており、天草砂岩による板石で石室壁を形成し、さらに壁から天井に向けては香川産安山岩の板石を持送りの強い小口積みで構築している。また石室内の仕切石（天草砂岩）には、直弧文が彫刻されている。

弥上古墳（やがみ）
*赤磐市：盆地を望む山丘、尾坂峠の斜面、標高約110mに位置　時代　古墳時代後期

　1976年に旧熊山町と県教育委員会によって発掘調査が行われた。全長30m、後円径18m、高さ4.5m、前方幅24m、高さ2.8mの前方後円墳。埋葬施設の主体は後円部で、右片袖式横穴式石室に土師質の亀甲形陶棺1基と木棺3基が認められた。出土した遺物は、円筒埴輪、トンボ玉、丸玉、石製模造品（紡錘車）、鉄鏃、刀子、金銅製杏葉、辻金具などで、壺、甕、高杯、器台などの土師器や須恵器、鉄釘が検出されている。

　なお陶棺は、古墳時代後期から飛鳥時代に棺として用いられ、蓋の形状から「亀甲形」と「家形」の2種類が認められている。これまでに九州から東北地方まで出土事例があるが、岡山県は全国の出土数の約8割を占めるとされる。特に「亀甲形」は、畿内とも異なり、岡山独自の形態をもつ

と評価されており、きわめて特色ある遺物として関心を集めている。

大蔵池南製鉄遺跡
おおぞういけみなみせいてつ

*津山市：久米川・倭文に挟まれた稼山の南西斜面、標高約187mに位置　時代 古墳時代後期

　1980年、ゴルフ場進入道路工事に際して実施された発掘調査により発見された。南斜面地を約15m段切りし、幅約5mほどの平坦面に、7層の作業面と、箱型炉と推定される6基の製鉄炉跡が検出された。製鉄炉はスサ入粘土で幅50〜60cm、長さ約100〜120cmを測る。ほかの遺構として、燃料置場や排滓場なども検出され、操業年代の上限は、須恵器および土師器から6世紀後半にさかのぼるものと評価されている。古墳時代後期に比定できる製鉄関連遺跡として、貴重な遺跡といえる。

広江・浜遺跡
ひろえ　はま

*倉敷市：吉備児島西岸中央の山麓、旧海浜砂州上、標高約4mに位置　時代 古墳時代後期

　第3福田小学校の新築工事に伴う調査として1966年に、増築工事に伴う調査として78年に発掘が実施された。縄文時代後期後半から晩期、弥生時代の遺構、遺物が検出されたほか、古墳時代後期の多数の製塩土器が検出され、大規模な製塩活動が行われていたことが明らかとなった。そもそも岡山県内では、古くから薄手の粗製土器がまとまって出土する事例が知られ、1929年に水原岩太郎が、師楽遺跡（瀬戸内市）を標識として「師楽式土器」と名づけた。長らく用途不明であったが、近藤義郎が香川県喜兵衛島遺跡群の調査で、古墳時代後期の塩づくりの用具であることを明らかにし、備讃瀬戸地域の海岸部における製塩活動の実態に関心が集まることとなった。師楽式土器とは、丸底でやや深いボール状を呈したもので、本遺跡でも多数出土している。それ以前の製塩土器は、脚部が付属しており、こうした形態変化が製塩技術の進展に関わるものと評価されている。

鬼ノ城跡
き　の　じょうあと

*総社市：南に総社平野と児島湾を望む鬼ノ城山、標高約400mに位置　時代 飛鳥時代　史

　1978年に鬼ノ城学術調査委員会が調査を行い、その規模や構造が明らかとなった。山頂近い8合目から9合目付近を中心に、山腹や谷合いを鉢巻状に結び、城壁が構築されている。全周約2.8km。城壁は内外側面を石積みで固められ、幅約7m、高さ6〜7m。上半部は版築による土塁が構築される。外側石垣の積み方は多様であるが、一辺70cm程度の切石によって構築される神籠石状列石が著名であり、神籠石の名がこうした石積みをもつ山城の代名詞ともなっている。また、城壁が谷筋をよぎる箇所では水門が構築され、通水溝も設けられている。城内の施設としては、間口3間・

I　歴史の文化編　17

奥行3間の礎石建物跡や、1994年以降の史跡整備に伴う発掘調査により、東西南北の城門跡なども検出された。遺物は7世紀中葉から8世紀にわたる須恵器、土師器などが採集されており、先行する山城の可能性もあるものの、おおむね白村江の戦い（663年）後に構築されたと考えられている。

国宝 / 重要文化財

銅壺

地域の特性

　中国地方の南東部に位置し、南側が瀬戸内海に面している。北から南へ中国山地、内陸盆地、吉備高原、岡山平野と東西に広がる帯状地形が次第に低くなる。中国山地と吉備高原の間に、津山盆地、勝山盆地、新見盆地がある。南端では瀬戸内海に向かって児島半島が出ている。東から吉井川、旭川、高梁川がほぼ等間隔に南流し、3本の河川によって河口に大きな三角州が形成されて岡山平野となった。県南部の岡山平野は古来海陸交通の要路として、政治・経済・文化の中心である。交通の整備とともに近代工業の発展も著しい。県北東部の津山盆地では城下町が栄え、内陸型工業が盛んである。県北西部の高梁川中上流域は、たたら製鉄と牛産地として有名であったが、過疎化が進んでいる。

　吉備の国と呼ばれ、また畿内に次ぐ大型の古墳が分布していることから、古代には大きな勢力があったと考えられている。中世に福岡荘が諸物資の集散地として栄え、赤松氏と山名氏とが争奪戦を繰り返した。戦国時代には北から尼子氏、東から赤松氏、西から毛利氏の勢力が伸びて来たが、宇喜多直家が戦国大名となり岡山城が築城された。江戸時代には、池田氏の岡山藩31万5,000石のほかに多数の中小藩と、天領が置かれた。明治維新の廃藩置県で県が多く設置された後、周辺の県と統廃合されて、1876年に現在の岡山県ができた。

国宝 / 重要文化財の特色

　美術工芸品の国宝は7件、重要文化財は105件である。林原美術館に国宝 / 重要文化財が多くある。林原美術館は、もと岡山城二の丸の対面所のあったところに建てられている。水飴製造業の林原一郎が収集したコレクションと、岡山藩主池田氏の伝来品を収蔵し、絵画、能装束、婚礼道具、具足や刀剣などがある。建造物の国宝は2件、重要文化財は55件である。

凡例　●：国宝、◎：重要文化財

◎銅壺

矢掛町の圀勝寺の所蔵。レプリカをやかげ郷土美術館で展示。奈良時代前期の考古資料。吉備真備（695～775年）の祖母の骨蔵器で、708年の紀年銘が刻まれていた。矢掛町東三成字谷川内の丘陵地から1699年に発見された。付近からは納骨器、祭器、和同開珎なども出土し、下道氏墓として史跡になっている。銅壺は、口径21cm、高さ15.8cmの鋳造された銅製の丸底深鉢形容器に、高さ8.8cmの笠形の蓋が付き、総高22.5cmである。蓋の中央頂部に円錐柱に近い八角柱の紐があり、斜めの体部に断面山形の突帯が2本めぐって、同心円状の区画が3圏形成されている。その中間と外側の圏に右回りの銘文が刻まれていた。銘文には、下道圀勝と弟の圀依の母の骨蔵器であることと、和銅元年（708年）と月日が記録されていた。下道圀勝とは吉備真備の父で、宮城の警衛をつかさどる右衛士少尉だった。また下道氏は上道氏とともに古代吉備地方の大豪族だった。骨蔵器には吉備真備の祖母の火葬骨が納められていたのである。火葬が始まった頃の骨蔵器と明記された器で、葬送墓制史の研究にとって重要な資料である。容器と銘文の書体からは奈良時代の重厚感がうかがえる。

◎Nの家族

倉敷市の大原美術館で収蔵・展示。大正時代の絵画。洋画家の小出楢重（1887～1931年）が、自身と妻、息子を描いた1919年の油絵である。小出は1914年に東京美術学校（現東京芸術大学）を卒業してから、政府主宰の文展（文部省美術展覧会）に応募を繰り返したが、落選が続いた。友人の勧めで1919年に、家族を描いた作品を在野の二科展に出品すると、新人の登竜門とされた樗牛賞を受賞し、華々しく画壇にデビューした。作品では、和装の普段着姿の小出自身と妻、その間に幼い息子を配した家族像を大きく描き、背後の壁面に円形額の自画像をかけ、前面の机に果物鉢と果物、卓布、北方ルネサンスの巨匠ハンス・ホルバインの画集を置いている。ホルバインを礼賛しつつ、日常の現実から美を追求した小出の画風が、自信に満ちた人物像に反映されている。また前景の静物にはセザンヌ風の構成への配慮もうかがえる。小出は1920年に「少女お梅の像」で二科賞を受け、1921～22年に滞仏。帰国後、日本人女性の裸体画を多く描いた。西洋人の肌の単調な白さに対して、日本人の多様な肌色に目を向け、体型に臆することなく要約的で独特な曲線美、流麗な色調による肉感表現など、初期の写実的作風から独自の画風を展開させた。小説の挿絵も多数手がけた。なお大原美術館は、実業家大原

孫三郎が1930年に創設した西洋美術の美術館で、戦後になって日本の近現代美術の作品も多数収集している。

◎清明上河図

岡山市の林原美術館で収蔵・展示。中国／明時代の絵画。北宋時代末期、徽宗帝時代（1100〜25年）に張択端が描いた清明上河図に倣って、明時代後期の1577年に趙浙が作成した模本である。清明とは、立春や春分など季節の目印を示す24節気の一つで、4月5日前後に相当する。張択端の絵は北宋の都だった河南省開封を描いたとされ、画面は、うららかな春の日に樹木の生い茂る郊外から河をたどり、多数の船が横行する繁華街へと導く。無数の人々が群れ集い、所狭しと家屋が軒を連ねる。精緻な描写に優れた絵画的技巧がうかがえるだけでなく、都市景観、風俗、社会経済などさまざまな分野に興味深い話題を提供して、中国絵画の傑作の一つと称賛されている。現在北京故宮博物院に所蔵されている画巻が原本と考えられている。この画巻は明時代後期に、中国南部の江蘇省蘇州周辺で権勢家たちの間を行き来し、その後清朝政府の所蔵となった。流転を繰り返すうち、江南都市を中心に模本が多数制作され、そのほとんどが「蘇州片」と総称される贋作（にせもの）だった。模本とはいえ、林原美術館所蔵の画巻は、制作者、制作年、そして制作後の所蔵経路が確定できる良質な作品として評価されている。画面ストーリーは原本と共通するが、個々の描写は原本と異なり、また風景も北宋の開封でなく、江南の都市を意識しているのではないかと指摘されている。いずれにせよ、単なる模写ではなく、蘇州の繁栄を連想させる独特な作品である。

●吉備津神社本殿及び拝殿

岡山市にある。室町時代中期の神社。吉備地方には巨大古墳が分布し、畿内に比肩し得るほどの勢力が古墳時代に存在したと考えられている。吉備津神社に祀られている大吉備津彦命は、有力豪族だった古代吉備氏の氏神として尊崇された。本殿と拝殿は、足利義満によって1425年に再建された。本殿の規模は桁行正面5間・背面7間、梁間8間と大きく、平面は、3間と2間の内々陣とその前1間の内陣を中心に、周囲を1間の中陣が取り巻き、その前面に朱の壇という1間の向拝の間がある。さらに全体を1間の外陣が一周する。つまり内々陣と内陣に二重の庇が回っているのである。外壁外側には縁が回る。屋根も特異な形状をして、入母屋造を前後二つ並べた比翼入母屋造の檜皮葺である。本殿の前に接続する拝殿も独特で、切

妻造の妻入り、檜皮葺の屋根に、前面と左右の三方に本瓦葺の裳階が付く。内部は化粧屋根裏で、広くて高い雄壮な空間を形成している。複雑かつ特異な構造と形態を示す中世の大規模な神社建築である。

●旧閑谷学校講堂

備前市にある。江戸時代中期の学校。閑谷学校は、岡山藩初代藩主池田光政によって創建された郷学という庶民のための公立学校だった。1668年に手習所が設けられ、1675年に藩内の手習所がすべて閑谷に統合された。1684年から諸建物の改築整備が進み、講堂は1701年に竣工した。講堂・小斎・習芸斎・文庫からなる学舎を中心に、東側に聖廟と閑谷神社（芳烈祠）、丘を隔てた西側に学坊跡がある。講堂は国宝、小斎、文庫、聖廟、石塀などは重要文化財、旧校地は特別史跡に指定されている。講堂は桁行7間、梁間6間の入母屋造の本瓦葺で、3間と2間の母屋の周囲に庇をめぐらせ、さらにその外側に広縁を設けている。縁の外周に柱を立て、吹き放しの開放にして、夜間のみ雨戸を閉じる。庇の外側各面は、それぞれ中央だけ扉でほかは花頭窓が並ぶ。内部の天井は竿縁天井、床は板を平滑に張った拭板敷である。外観と内部はともにきわめて簡素で、学校らしい質実剛健さを感じさせる。在学した生徒は50〜60名ほどで、修学年限は原則1年。主に儒学を教え、四書五経の講釈、習字と素読などが行われた。

◎旧矢掛本陣石井家住宅

矢掛町にある。江戸時代末期の民家。本陣とは大名や幕府役人が宿泊した公認の旅宿である。石井氏の旧本陣は旧山陽道の矢掛の宿場にあり、間口20間（約36ｍ）、敷地面積959坪（3,164㎡）で、矢掛宿で最大の町屋だった。石井氏は1635年頃から本陣職を務めるとともに大庄屋も兼務し、元禄年間（1688〜1704年）からは酒造業も営む有力な豪農商だった。屋敷は街道南側にあり、東側に主屋、西側にやや後退して本陣座敷が建つ。本陣座敷の前に御成門があり、門をくぐると屋根に軒唐破風の付いた玄関がある。座敷は入母屋造で、玄関の式台をあがると1間の入側（縁座敷）があり、奥に前後2列5室の部屋が並ぶ。西南隅に床を高くした御成の間があり、付書院、床、棚を備えた書院造となっている。主屋も入母屋造で、正面中央の大戸口から入ると広い土間が背後まで続き、両側に部屋が並ぶ。矢掛には、本陣の補助的役割を担った旧矢掛脇本陣高草家住宅◎も残っている。

☞ そのほかの主な国宝／重要文化財一覧

	時 代	種 別	名 称	保管・所有
1	弥 生	考古資料	◎特殊器台／総社市宮山遺跡出土	岡山県立博物館
2	奈 良	考古資料	◎大飛島祭祀遺跡出土品	岡山県立博物館、笠岡市立郷土館
3	平 安	彫 刻	◎木造吉祥天立像	安養院（倉敷市）
4	平 安	彫 刻	◎木造五智如来坐像	遍明院（瀬戸内市）
5	平 安	考古資料	◎安養寺裏山経塚出土品	安養院（倉敷市）
6	鎌 倉	絵 画	◎絹本著色阿弥陀二十五菩薩来迎図	遍明院
7	鎌 倉	工芸品	◎木造彩色菊牡丹透華鬘	弘法寺
8	南北朝	絵 画	◎絹本著色愛染明王像	捧沢寺
9	安土桃山	歴史資料	◎アジア航海図	林原美術館
10	江 戸	工芸品	◎綾杉獅子牡丹蒔絵婚礼調度	林原美術館
11	江 戸	典 籍	◎信長記	岡山大学附属図書館
12	中国／南宋	絵 画	◎絹本墨画廬山図（玉澗筆）	岡山県立美術館
13	中国／元	絵 画	◎絹本著色十王像	宝福寺
14	中国／元	絵 画	●絹本著色宮女図（伝autograph野王図）	―
15	鎌倉後期	石 塔	◎臍帯寺石幢及び石塔婆	臍帯寺
16	鎌倉後期	寺 院	◎長福寺三重塔	長福寺
17	室町前期	寺 院	◎本山寺本堂	本山寺
18	室町中期	寺 院	◎真光寺三重塔	真光寺花蔵院、真光寺自性院
19	室町後期	寺 院	◎本蓮寺本堂	本蓮寺
20	桃 山	寺 院	◎遍照寺多宝塔	遍照寺
21	江戸前期	寺 院	◎本源寺	本源寺
22	江戸前期	寺 院	◎妙本寺番神堂	妙本寺
23	江戸中期	城 郭	◎備中松山城	国（文部科学省）
24	江戸中期	民 家	◎旧森家住宅（苫田郡鏡野町）	富村
25	明 治	学 校	◎旧遷喬尋常小学校校舎	久世町

城　郭

岡山城天守

地域の特色

　岡山県は備前・備中・美作（みまさか）の3か国からなる。南は瀬戸内文化圏で、北は中国山脈中の美作国であり、隣国播磨および瀬戸内海からと、山陰文化の影響をも受け、独特な風土文化を形成した。吉井川、旭川、高梁川の三大河川で岡山に南北をつなぐ文化圏を形づくった。弥生時代に遡ると、沼遺跡、緑山遺跡の環濠集落があり、貝殻山遺跡には高地性集落が営まれている。古墳時代には吉備古墳群が営まれた。その山上には古代山城である鬼ノ城、大廻小廻（おおめぐりこめぐり）山城がある。

　中世になると、佐々木氏、備中那須氏、三村氏などが、西遷御家人として東国からきて土着。惣領制により分かれた庶子たちが水利に恵まれた地に館や城を構え、所領の拠点とし荘園・公領を含む台地に館や城を構えた。やがて守護守護が土着する守護領国が本格的になると、守護代らが在地に赴き支配拠点とする城館を築く。大井田氏の備中福山城、新見氏の備中楪（ゆずりは）城、足利氏と浦上氏、伊東氏の備前三石城、江見氏の美作奈義仙城、美作の守護山名氏の鶴山城と岩屋城、松田氏の金川城、後藤氏の三星城などが有名である。

　戦国期になると三村氏が鶴首城を増築。庄氏が猿掛城から松山城に入った。浦上氏の被官であった宇喜多氏と在地領主が乙子・新庄山・亀山城を築城または増築。さらに宇喜多氏は岡山城に入り、戦国大名に成長した。近世では、津山城・備中松山城・岡山城の3城が「一国一城令」「武家諸法度」により存城、ほかの城は廃城となった。津山城は津山盆地中央に五層の天守があがる平山城、備中松山城は山城で麓の御根小屋で藩政を行い、山上に天守があがる城。岡山城は天守が桃山期の姿を伝える外観の城。以上の3城に加え、美作国高田城（のちの勝山城）が江戸時代中期に再興されたため江戸時代の岡山県は4城が存在していた。幕府は足守（あしもり）・庭瀬・新見・成羽（なりわ）・浅尾・岡田・西江原に藩を置き陣屋支配をした。

主な城

院庄城　別名 構城　所在 津山市院庄　史跡 国指定史跡

　築城は詳らかでないが、正平15（1360）年、山名時氏は赤松貞範と戦い、篠向城を攻め、自らは院庄城を落として居城とし、攻防が繰り返されたという。元亀2（1571）年、宇喜多氏がこれを奪って片上秀胤に与えた。天正年間（1573〜91）に宇喜多氏、毛利氏の間で争奪が行われるなど美作守護所であった院庄城をめぐる攻防が続いた。宇喜多氏滅亡後の慶長8（1603）年、信濃松代（川中島）より森忠政が美作に封じられ、城の修築に取りかかった。1年余りののち工事を中止し、今の津山に築城した。

岡山城　別名 烏城、金烏城　所在 岡山市北区丸の内　遺構 櫓2基、石垣、外観復元天守、堀ほか　史跡 国指定史跡

　南北朝の正平年間（1346〜69）に名和長年の一族、上神高直が最初の築城者と伝えるが、確かなことはわからず、場所も山陽放送会館などのある石山の台地といわれる。その後、金光宗高が居城としていたが、上道郡沼城主宇喜多直家が謀殺、天正元（1573）年、直家は石山城さらに沼城に入城した。直家の勢力が強力になると沼城では狭く、吉備平野の中心に位置して旭川と児島湾の水利の便から岡山の地を新居城としたものである。

　直家は城を拡張し、城の周囲にあったいくつかの寺社を移転、古くからあった5つの市場を廃止して新しい町々を造って武家屋敷や商家などを広げ、城下町建設に着手した。直家没後、子の秀家によって大改築がなされる。秀家は豊臣秀吉の指導により、旭川の流路を現状の形状につけかえ、惣構は掘り上げた土をもって平地ではあるが、城壁を高くして洪水を防いだ。その旭川湾曲部の高地を本丸として三重の堀が廻らされ、57万4千石の太守にふさわしい城とした。完成は慶長2（1597）年で、天守は西方に塩蔵という二層櫓を付属させ、四層六階の複雑な外観で変化に富み、複合天守の典型的なものであった。また城下町の南を通っていた山陽道が城下町を通過するようにした。

　慶長5（1600）年、関ヶ原の戦いに西軍に与した秀家は所領を没収され、小早川秀秋が52万石に封じられた。秀秋は入封の際、領内の城の破却を行い、沼城（岡山市東区沼）や富山城（同北区矢板東町）からそれぞれ天守

Ⅰ　歴史の文化編　　25

（本丸大納戸櫓）や門（西の丸石山門）を岡山城に移築し、また15町余の外堀（今の柳川筋）を掘った。この堀は領内の百姓はもちろん、武士までを使役し、20日の間にできたので「廿日堀」の名がある。

　秀秋は在城2年で死去、断絶すると慶長8（1603）年、姫路城主池田輝政の二男忠継が28万石で入城したが、忠継幼少のため異母兄利隆が政務を監督、このときに西の丸に石垣や西手櫓を構築した。元和元（1615）年忠継が没して弟忠雄が淡路から31万5千石で移封された。武家諸法度発布直後の時期であったが、忠雄の時代に本丸の改築、表書院の拡張、月見櫓の構築と共に大手門を南向きに変更した。さらに城下の西境の防備と生活用水の確保を目的に西川を開削した。その後、城の改築は行われていない。寛永9（1632）年忠雄が没し、嫡子光仲が襲封したが幼少であったので、因伯二国、鳥取城に転じ、逆に姫路城主池田利嗣の嫡子で鳥取藩主であった光政が岡山に転じ、以来池田氏代々の居城として明治に至った。明治6（1873）年廃城令以後多くの建築物が破却され、天守・月見櫓・西手櫓・石山門が残っていずれも国宝に指定されていたが、昭和20（1945）年戦災のため天守、石山門を失う。現在の天守は昭和41（1966）年の外観復興天守である。

笠岡城
かさおか

別名 笠岡山城、笠岡西浜の城　**所在** 笠岡市笠岡

　城地は古く、海に浮かぶ小島であった。元弘元（1331）年に陶山義高が築いた。天文年間（1532～54）村上水軍の一族村上隆重が水軍を率いる村上氏としては絶好の場所で、隆重は毛利氏に属し、織田信長と戦う石山本願寺に兵糧輸送を行い、秀吉の朝鮮出兵では小早川隆景に従って勇名をはせた。慶長4（1599）年、毛利元就の子で備後深津城主の元康が入城するが、翌5年関ヶ原戦で西軍に属した毛利氏は周防と長門以外の地を没収となった。元和2（1616）年姫路城主池田輝政の弟長吉の長男、長幸が入城。間もなく備中松山城に移り、その後廃城となった。

足守陣屋
あしもりじんや

所在 岡山市北区足守　**遺構** 石垣、堀、庭

　豊臣秀吉の正室寧子の兄木下家定が慶長6（1601）年、この地に2万5千石で封ぜられたことで陣屋が成立。家定の死後、子勝俊と利房の相続争いから所領は没収され、当地は一時幕府領支配下となるが、大坂の陣での功

績により、弟利房が再興を許され、再び足守に封じられ、木下家の足守支配は明治まで続いた。

　陣屋が建設された年代は明確ではないが4代利貞の時代、寛文2（1662）年〜延宝7（1679）年と考えられている。それまでは足守の町並みの東、足守川の対岸にある戦国時代の山城鍛冶山城を本拠としていた。宮地山南東山麓に会所・御屋敷・御蔵屋敷を構え、その外側に南北に細長く武家屋敷街が形成される。木下家の御屋敷は、周囲の石垣と堀を残すのみだが、国家老杉原家の屋敷はほぼ完存し残る。武家屋敷街と町屋などは当時の地割と現在の街路が重なることが多く、陣屋町の形をよく伝える貴重な形状である。隣接する近水園庭園が吟風閣とともに大名庭園の姿を伝えている。

下津井城 　所在 倉敷市下津井町　遺構 石垣、土塁

　下津井港に臨む標高90mの丘の西側に本丸、東に二の丸の石垣が横たわる。瀬戸内海交通の要に位置するこの丘に天正年間（1573〜92）に宇喜多氏により城が築かれた。慶長5（1600）年この地は小早川秀秋の所領となり、秀秋は重臣平岡重定を入れた。同8年城は姫路城主池田輝政領に組み入れられ、輝政は甥の由之を城代とした。寛永9（1632）年由之の子由成が継ぐが、同16年に由之は城を廃して、陣屋を構え、下津井地方を支配した。廃城にあたり由成は破城工事をした。そのため下津井城の石垣のうち、角石垣や高石垣の多くは崩され、破城のままの形状で今に至っている。池田家の記録によると、本丸石垣には天守があがり本丸と二の丸の隅々に櫓が構えられたとある。城の北側には武家屋敷街が構えられた。

備中高松城 　所在 岡山市北区高松　遺構 土塁、水攻め堰堤址一部　史跡 国指定史跡

　備中高松城は豊臣政権を語るうえで、その政権の基になった存在で、権力構成のはじまりといえよう。

　城は吉備平野の中心に位置する平城で、備前・備中の国境に位置することから、戦国期を迎えると当地は、毛利・宇喜多・尼子各氏の勢力の接点となった。天正年間（1573〜92）には備中松山城主三村氏の臣石川久弐が館を営んでいたが、天正3（1575）年、毛利氏によって、主家三村氏とともに石川氏も滅ぼされた後は、清水宗治が新城主となった。高松城は足守川下流域に点在する境目の七城の一つとして、毛利氏の防御ラインを構成す

I　歴史の文化編　27

る城の一つでもあった。天正10（1582）年5月、秀吉は3万余の軍勢を率いて備中高松城を完全に包囲した。守りは宗治以下5千余の兵で、秀吉にしてみれば、高松城が中国攻めの要ともいえるので、相互に持久戦の態勢に入った。秀吉は水も漏らさぬ包囲体制で、さらに強化するため足守川の水を堰き止めて、「水攻め」の策をたてた。これは信長の援兵到着まで、高松城を孤立させ、毛利勢と信長勢をこの地で決戦に運ぼうとした。5月8日より秀吉は築堤工事を2千余の兵士をもって行った。工事は19日に完成、梅雨というのもあり一大湖沼が出現した。毛利氏からの援軍との対峙が続く中、6月3日本能寺の変の一報が秀吉に届くと、急ぎ講和を取りまとめ、6月4日宗治の割腹で高松城は開城に及んだ。その後、高松城は宇喜多氏が領し、家臣の花房正成が城主として入城。慶長5（1600）年、関ヶ原の戦いにより宇喜多秀家は改易となり、廃城となった。現在本丸跡に清水宗治の首塚が移され祀られている。

鬼ノ城（きのじょう）　所在 総社市黒尾　遺構 石塁、土塁、水門　史跡 国指定史跡

　鬼ノ城は、吉備高原の南にある標高約397mの鬼城山（つくりやま）の山頂部に築かれた古代山城である。眼下に備中国府跡、造山古墳など吉備の中心部がみえる。城域は山の8合目付近から9合目にかけて楕円形に石垣及び石列が総延長2，8kmにわたって囲み、総面積は30haに及ぶ。谷間には6か所の石積み水門が構えられている。この巨大な遺跡にかかわらず「六国史（りっこくし）」などには一切、関係記載はない。

　地元の伝承では、大昔に百済の王子温羅（うら）が「吉備の冠者（くだら）」と称してこの城に居したというが吉備津彦命（きびつひこのみこと）によって征伐された、という。城壁は、基底幅は約7m、高さは約6mに及ぶ。いずれも下半部が石垣で、上半部が土塁づくりである。城門は東西南北の4か所あり、西門が隣接する角楼とともに復元されている。また城内には、倉庫とみられる礎石建物跡が6〜7棟分確認されている。

大廻小廻山城（おおめぐりこめぐりやま）　別名 築地山城　所在 岡山市東区草ケ部　遺構 石石塁、土塁、水門　史跡 国指定史跡

　岡山市草ケ部の標高199mの大廻山と小廻山にある古代の神籠石式山城で、古代吉備国の遺跡が集中する旧上道郡中部北辺に位置する。総延長が3.2kmに及ぶ土塁が大廻・小廻の山頂から谷間を囲み、谷の流水出口には

一の木戸、二の木戸、三の木戸と呼ばれる水門跡があり、古代山城に共通する石塁が構築されている。一方で城門や城内施設は確認されていない。瀬戸内海を一望し、備前国府や古代山陽道にも近い要所に築かれていることから、鬼ノ城とともに古代日本において、吉備地域の重要性を示す遺跡として貴重な遺構である。

津山城 （つやま）
別名 鶴山城　**所在** 津山市山下　**遺構** 城門（移築）、石垣、復元備中櫓　**史跡** 国指定史跡

　津山は、元は鶴山と書いて「つやま」と読んだ。城は吉井（津山）川と宮川との合流点に臨む丘陵（鶴山）にある。嘉吉元（1441）年美作守護、山名教清は一族の山名忠政を伯耆より招き、忠政が前身にあたる施設を築城したといわれている。

　慶長8（1603）年森蘭丸の弟、森忠政が信濃松代（川中島）城から美作18万6500石に移封されると、院庄に築城した。しかし工事は半年余りで中止、今の津山市日上の天王山、同市山下の鶴山を候補にあげ、忠政は鶴山を選び「津山」と命名した。山名氏の築城より160余年、奇しくも同名の忠政によって本格的な築城が始められた。築城工事に関して次のような逸話がある。忠政は豊前小倉城を築城にあたって参考にしようと家臣の薮田助太夫らを派遣。海上から城の見取り図を作っていたところを役人に見つかった。城は軍事上の秘密なので、小倉城では大騒ぎとなった。しかし、城主細川忠興は一行を城内に招き、詳しい図のみか、築城の注意まで与えて帰国させたという。この話を裏付けるように、城が完成すると忠興から朝顔の花形の半鐘が贈られ、この半鐘は天守の最上部に吊され、大切に保存されたという。

　城は大坂の陣、各地への築城参加が工事を遅らせ、完成したのは元和2（1616）年であった。森氏は4代で嗣子なく断絶。元禄11（1698）年、結城秀康の曾孫にあたる松平長矩（宣富）が10万石で入城、松平氏が9代続いて明治維新を迎えた。享保11（1726）年には、領内で発生した山中一揆の影響で5万石に半減されるが、8代城主に11代将軍家斉の子斉民を迎えることで、10万石に復している。

　鶴山公園となった現在、麓から本丸まで何段もの石垣が残されているが、往時は本丸の五層の層塔式の天守のほか77基を数える櫓とこれらをつなぐ土塀が、石垣上に建ち並んでいた。

I　歴史の文化編　29

平成17（2005）年には、備中櫓が周囲の土塀と共に復元された。天守台の直下、本丸御殿に接続していた櫓の内部には、上段の間や茶室など居室の誂えが、当時のまま復元されている。

鶴首城 かくしゅ 　別名 成羽城、成羽陣屋　所在 高梁市成羽町　遺構 石垣

鶴首城は鶴首山頂の山城に始まり、のちに麓の館に移行した城である。そのため前者は鶴首城、後者を成羽陣屋という。文治5（1189）年、源頼朝の奥州出兵の功によって成羽の地を与えられた河村秀清の築城と伝える。

天文2（1533）年三村家親は毛利氏の援護の下、永禄4（1561）年鶴首城を攻略、整備し、対岸に居館を築き本拠とした。備中松山城に本拠を移すと、成羽城には弟親成、甥親宣を在城させた。天正2（1574）年家親の子元親が宇喜多氏と結んだ毛利氏に反発して、織田信長に通ずると親成はそのまま毛利方に留まり、元親滅亡後も成羽城主として慶長5（1600）年まで続いた。

標高338mの鶴首山には山上本丸の六の壇から七の壇まで確認されている。本丸には石垣の残石がみられるものの、山のほとんどは石垣はない。麓の成羽陣屋構築の際使われたためだという。成羽陣屋は、元和3（1617）年から寛永15（1638）年まで3万5千石を領していた山崎家治の後、同16年常陸国下館から5万石で入封した水谷勝隆が起工した。勝隆が同19年備中松山城に転封されると、一時幕府領となった。万治元（1658）年山崎家治の次男豊治は嗣子なく断絶となった山崎家の名跡を継ぎ、旗本ではあるが、参勤交代を行う5千石の交代寄合として入封、成羽を居所とした。そのため水谷氏によって築城工事が進められていた陣屋の構築を完成させた。御庫、書院、御作事場の三つを鶴首山の北麓に並べ、それぞれの曲輪に虎口を開いた。書院への虎口が大手門とされ桝形門となっている。西の御庫西方には庭園としてお茶屋が設けられ、池泉が現存する。陣屋の前面と東西には武家屋敷が割り付けられ、東方には町屋が配された。

現在、陣屋跡には成羽小学校、高梁市成羽地域局、成羽美術館が建てられるが、周囲の石垣はほぼ完存している。柳丁と星原丁には、土塀や門の建つ石垣で区画された屋敷や町屋にも古い造りの商家が点在し、陣屋町の面影をよく残している。

備中松山城

びっちゅうまつやま

別名 高梁城　**所在** 高梁市内山下　**遺構** 現存天守・櫓、復興本丸櫓・門・土塀ほか　**史跡** 国指定史跡

　城のある臥牛山は北より大松山（標高486m）、天神の丸、小松山（標高430m）、前山の4峰からなる。承久の乱の戦功により、相模三浦一族といわれる秋庭重信が新補地頭となり、大松山に築城したのが最初であるとされる。秋庭氏が五代続いた後、元弘の頃（1331〜）備後三好一族の高橋宗康が小松山まで城を拡張した。その後上野氏、庄氏を経て、三村氏が城主となった。天正3（1575）年三村元親が織田信長の誘いに応じて毛利氏から離反、小早川隆景の包囲を受け、元親は自害し、落城し、松山城は毛利氏が領有した。天正10（1582）年毛利氏と豊臣秀吉の和睦の際も、両者の境界とした高梁川の東岸に位置していたが、引き続き毛利方の城として残され、城番が置かれた。関ヶ原の戦い後は、松山城は幕府直轄となり小堀正次・政一父子が城番として入った。

　元和3（1617）年6万5千石で池田長幸が入封すると大名の居城として存城した。池田氏2代ののち寛永19（1642）年水谷勝隆が5万石で入り、勝宗、勝美と続くが嗣子がなく断絶。赤穂藩主、浅野長矩が城請け取り役となり、大石良雄が赴き、城地を調査に登城の際、休息した腰掛け岩がある。元禄8（1695）年安藤重博・信友、その後、石川総慶と続いたのち、正徳元（1711）年板倉勝澄が入封し、7代続いて明治維新を迎えた。

　比高290mの小松山山頂を本丸とする松山城は毛利氏が入った頃に現存する城の原形が造られ、小堀政一により修築が進められたのち、水谷勝宗によって天和元（1681）年から3か年費やして改修されたものである。

　小松山山頂に建つ天守は江戸時代の城の天守としては最高所にある。関ヶ原の戦いから80年後、多くの城で山城からの転換が進められた中での山城としての整備は、松山城の大きな特徴といえる。山上の城を居住や藩政の中心とするのは不便なため、御殿、御茶屋、御台所などの藩主の居宅や、武具方、作事方の建物や米蔵などは麓に営まれ、御根小屋と称した。二層三階の天守と付櫓、北方の二層櫓と大手門付近の土塀と各所に石垣が残る姿で保存されてきた。平成9（1997）年には平櫓2基と4棟の門およびこれらに続く土塀が復元され、現存の天守とともに本丸の景観がよみがえった。山麓の石火矢町には当時の姿を伝える武家屋敷が残り、一般公開されている。ここ数年天空の城として雲海に浮かぶ城の姿が人気を博している。

I　歴史の文化編　31

戦国大名

岡山県の戦国史

　応仁の乱後、美作・備前両国の守護である赤松氏の力が衰え、備前守護代の浦上氏が台頭してきた。永正15年(1518)から二度にわたって守護赤松義村は浦上村宗を攻めたが、村宗は被官宇喜多能家の支援を得て撃退、大永元年(1521)には村宗が赤松義村を室津に幽閉し、殺害した。

　義村の子政村は置塩城(兵庫県姫路市)にあって名目上播磨・美作・備前の守護であったが、浦上村宗が実権を握っていた。しかし、村宗が細川氏の内訌に関わって享禄4年(1531)に討死すると、長男政宗と二男宗景が対立、政宗は備前東南部、宗景は備前東部から美作東部を支配した。この頃、出雲の尼子氏が美作に侵入、菅家党を滅ぼして美作西部を制した。

　細川氏が守護をつとめる備中国では、延徳3年(1491)に守護代荘元資が叛乱。この叛乱は細川勝久が帰国して鎮圧したが、以後は国内各地で在地領主が台頭して細川氏の力が及ばなくなった。このなかから、荘元資の子為資が勢力を広げ、やがて出雲から侵攻してきた尼子氏に従った。

　こうして勢力を広げた尼子氏は、天文21年(1552)美作・備前・備中の守護も兼ねたものの、陶晴賢を討った毛利元就が尼子氏を圧迫した。

　尼子氏が衰退し始めると、美作の国衆は浦上氏に通じ、やがて浦上氏に取って代わった宇喜多氏の配下となった。また、備中の国衆は毛利氏に通じ、このなかから三村氏が台頭した。

　三村家親は毛利氏の支援を得て、美作西部から備前西部まで支配したものの、永禄9年(1566)宇喜多直家の命を受けた遠藤又次郎に狙撃されて死去。直家は毛利氏と結んで三村氏、松田氏を滅ぼし、備前を本拠に、備中東南部・美作東部を支配した。しかし、天正7年(1579)には毛利氏から離れて織田方につき、豊臣秀吉と結んでその版図に入った。直家の子は秀吉から一字を与えられた秀家で、その重臣となった。

主な戦国大名・国衆

明石氏　備前国和気郡の国衆。赤松氏の一族という宗安が天文年間（1532
～55）に明石郡を領して明石氏を称したのが祖という。宗安の子清景のと
きに備前国和気郡に移り、坂根城（備前市坂根）に拠った。のち宇喜多氏
に仕えて、2万石を領した。明石全登は関ヶ原合戦では西軍に、大坂の陣
では大坂方に与した。江戸時代は庄屋となって武元家を称した。

秋庭氏　備中国の国衆。桓武平氏三浦氏の一族で、名字の地は相模国鎌
倉郡山内荘秋庭（神奈川県横浜市戸塚区秋葉町）。秋庭重信は承久の乱後、
備中国賀夜郡有漢郷（高梁市有漢町）の地頭となり、仁治元年（1240）備中
松山城を築城。信盛のとき高氏に城を奪われるが、重明が山名時氏に従い、
正平17年（1363）高師秀を追放して松山城に戻り、備中守護代をつとめた。
戦国時代の松山城主秋庭元重は管領細川政元の側近であったことが知られ
ている。

伊賀氏　備前国津高郡の国衆。藤原北家秀郷流という。長田荘地頭式部
氏の出で、戦国時代初期に虎倉城（岡山市北区御津虎倉）に転じた。久隆
は宇喜多直家と縁戚関係を結んで美作にも勢力を広げたが、天正6年
（1578）に讒言で宇喜多直家に毒を盛られて死去。そのため、子与三郎は宇
喜多氏を離れて毛利氏と結び、同年直家の弟春家の金川城に夜討をかけた
のち、毛利氏を頼って備中国へ逃れた。

石蟹氏　備中国阿賀郡の国衆。石賀氏ともいう。石蟹城（新見市石蟹）に
拠った。三村氏の庶流だが、天文22年（1553）の猿掛合戦では、石蟹氏は
塩城山城主多治部氏などとともに庄氏に与して毛利・三村連合軍と戦うな
ど、三村氏からは独立していたとみられる。

宇喜多氏　備前の戦国大名。百済からの渡来人の末裔とも、児島高徳の
子高秀の子孫ともいうが不詳。本貫は備前国児島（倉敷市）で三宅氏の末
裔とみられる。史料的に確認できるのは室町中期の宗家・久家父子からで、

Ⅰ　歴史の文化編　　33

久家の子能家は備前守護代の三石城主浦上則宗に仕え、邑久郡豊原荘（岡山市西大寺）に本拠を置いていた。天文3年（1534）能家は高取山城主島村豊後守に攻められて自害、興家は直家を連れて備前福岡（長船町）に逃れて豪商阿部善定に匿われた。興家没後、直家は尼僧の伯母のもとで育てられ、同12年に浦上宗景に出仕、翌年には乙子城（岡山市）の城主となった。以後、島村備後守をはじめ中山氏、穢所氏らを討ち、さらに永禄9年（1566）には備前侵攻を図っていた松山城主三村家親を暗殺。次いで金川城主松田氏を降して西備前を平定すると、天正元年（1573）には岡山城に転じた。そして将軍足利義昭の仲介で毛利氏と和議を結ぶと、三村氏を滅ぼし、さらに主家浦上氏をも滅ぼして備前・美作を支配する戦国大名に成長した。直家の跡を継いだ秀家は豊臣秀吉の高松城水攻めを総力で支援、のちに秀吉の養女豪姫を娶ってその近臣となり、秀吉政権下では五大老の一人となった。関ヶ原合戦で西軍に属して敗れ八丈島に流された。

浦上氏

備前・播磨の戦国大名。播磨国揖保郡浦上荘（兵庫県たつの市揖保町）の出で、紀長谷雄の末裔と伝えるが不詳。建武政権では為景が浦上荘の地頭職を得、赤松氏が備前守護となると、行景、宗隆、助景らが守護代をつとめた。宗隆のときに備前守護赤松則祐の命で三石城（備前市三石）に移ったという。以後三石城を本拠に備前東部に勢力を持ち、文亀2年（1502）に一族から宗家を継いだ村宗は、守護赤松義村のもとで備前・美作・播磨を実質的に支配するなど赤松氏を凌ぐ力を持った。やがて義村と対立、永正18年（1521）には義村を攻めて破り、その子政村を形式的に推戴するのみとなった。村宗の子の代に分裂、長男政宗は播磨室津（たつの市御津町）に移って赤松氏と結び、二男宗景は赤松氏から独立して備前の戦国大名となった。その後室津の惣領家が滅亡したことから、宗景はその遺領を併呑、天文2年（1533）には天神山城（和気郡和気町）を築城した。以後、一時は美作・播磨までその勢力を広げたものの、天正3年（1575、天正5年説もあり）家臣の宇喜多直家に敗れて落城した。宗景は女婿である播磨の黒田孝高のもとに逃れ、のち筑前福岡に転じたという。

江見氏

美作国英田郡の国衆。菅原姓で美作菅家党の一つ。江見荘（美作市）の有力国人で、源平合戦の際には平家方に属して屋島の戦いなどで

活躍。南北朝時代は北朝に属し、赤松氏の被官として台頭した。戦国時代には鳥越山城（美作市）を本拠とし、岩辺城（美作市）、鷹巣城（美作市）などに拠った。天正7年（1579）宇喜多氏に敗れて没落した。のち毛利氏に従う。

小田氏〔おだ〕　備中国小田郡の国衆。戦国時代に庄氏の被官として成長し、有力国人となった。小田神戸山城（小田郡矢掛町）に拠っていたが、永禄8年（1565）政清が馬鞍山城（笠岡市山口）を築城して本拠を移した。のち毛利氏に属し、元家は文禄元年（1592）に朝鮮に出兵している。

草苅氏〔くさかり〕　美作国東北条郡の国衆。陸奥草刈氏の一族。南北朝時代に祖貞継が因幡国智頭郡に所領を得て下向し、淀山城（鳥取県智頭町）を築城したのが祖。子氏継は明徳の乱で山名氏清を討っている。戦国時代、衡継は気多郡や岩井郡にも勢力を広げて尼子氏と対抗。天文2年（1533）には美作国に高山城（矢筈山城、津山市加茂町）を築城して美作に進出。衡継の子景継は同11年に毛利氏に従ったが、ひそかに織田信長に接近したことが露見して天正3年（1575）に切腹した。代わって高山城主となった弟の重継は毛利方の武将として宇喜多勢と戦った。同10年の高松城攻めののち宇喜多氏と毛利氏は和睦、美作国は宇喜多氏の所領となったが、重継は開城を拒んで宇喜多氏との戦闘を継続した。しかし、毛利氏の再三の勧告によって翌11年に開城、のち長州藩士となった。

後藤氏〔ごとう〕　美作国英田郡の国衆。播磨後藤氏の一族といわれているが、系譜関係ははっきりしない。観応2年（1351）に後藤義季・康季の兄弟が塩湯郷（美作市）の地頭職を安堵されている。戦国時代、義季の子孫と伝える勝政は三星城（美作市）に拠り、美作東部に大きな力を持っていた。天正7年（1579）宇喜多氏の美作侵攻によって落城、勝基は自刃した。

穊所氏〔さっしょ〕　備前国上道郡の国衆。「さいしょ」ともいい、「税所」とも書く。龍の口城（岡山市中区）城主。天文21年（1552）出雲の尼子晴久の軍が備前に侵攻してきた際、穊所豊前守久経は、穊所信濃守、石井右兵衛尉とともに防戦につとめた。久経の子元常は金川城主の松田氏に属して激しく宇喜

多直家と争ったが、永禄4年（1561）素性を隠して仕えていた直家の家臣岡
剛介によって討たれ、滅亡した。

清水氏　備中国賀陽郡の清水城（総社市）城主。桓武平氏。宗治以前は不
詳。宗治は毛利氏に従って備中高松城（岡山市北区）を守っていたが、豊
臣秀吉の水攻めにあって敗れ、自刃した。二男の景治は小早川隆景に仕え、
隆景の没後は毛利家に転じた。江戸時代は長州藩重臣となる。

荘氏　備中国の国衆。武蔵七党の庄氏の一族。源平合戦の際、家長は一
の谷合戦で平重衡を生け捕るなどの功をあげ、備中国小田郡草壁荘（小田
郡矢掛町）の地頭となったのが祖。猿懸山城に拠り、備中南部の有力国人
として発展、室町時代には守護細川氏のもとで備中守護代をつとめた。元
資は備前や備後にも進出、延徳3年（1491）には守護細川勝久と戦うなど、
守護の権力を侵し始めた。子為資は天文2年（1533）に守護代の上野氏を滅
ぼして松山城に本拠を移し、備中半国を支配した。しかし、出雲守護代の
尼子晴久の備中進出でこれに降り、同22年の猿懸合戦後没落。嫡子高資は
元亀2年（1571）に毛利・三村勢に敗れて討死、その子勝資は出雲に逃れた
のちに毛利氏に仕えたが、天正8年（1580）に討死したという。

日笠氏　備前国和気郡の国衆。備前国和気郡新田荘日笠保（和気郡和気
町）の出か。享禄年間（1582〜32）に青山城（和気町）に拠って浦上村宗に
属した。日笠頼房は、村宗討死後、兄政宗と不和となった宗景を備前天神
山城に迎えている。天正5年（1577）天神山城が落城した際もただ一人宗景
に従い、播磨の鵤寺で自刃して滅亡した。

牧氏　美作国大庭郡の国衆。寺畑城（真庭市）に拠って高田城主三浦氏に
従っていたが、天正4年（1576）三浦貞広が毛利氏・宇喜多氏連合軍に敗れ
て落城した際、牧菅兵衛も寺畑城下に隠棲した。一方、菅兵衛の伯父にあ
たる牧河内は真島郡手谷城（真庭市）に拠り、高田城落城後は伯耆の南条
氏のもとに落ちた。天正6年（1578）宇喜多直家が織田信長と結ぶと直家に
仕えた。関ヶ原合戦後は大庭郡で帰農したという。

松田氏　備前の戦国大名。藤原北家秀郷流で、相模松田氏の一族。西遷
御家人で、承久の乱に功をあげて備前国御野郡伊福郷（岡山市）に所領を
賜り、のち下向したとみられる。建武政権では盛朝が備前守護となり、の
ち室町幕府の奉公衆となっている。戦国時代の金川松田氏はこの一族の末
裔とみられるが、系譜関係は不詳。元隆は赤松氏に属し、子元盛は津高郡
金川（岡山市北区）に移る。文明15年（1483）赤松氏に叛旗を翻し、以後西
備前に勢力を保って宇喜多氏と抗争した。永禄11年（1568）宇喜多直家、
伊賀久隆によって金川城が落城、盛明は備中国佐井田に逃れ、以後は毛利
氏に属した。

三浦氏　美作の戦国大名。相模三浦氏の一族といわれる。系譜関係は不
詳だが、美作国真嶋郡地頭だった祖貞宗が関東から下向し、延文3年
（1358）高田城（のちの勝山城）を築城した。室町時代には大庭郡・真嶋郡
を支配し、牧氏、金田氏、近藤氏などを家臣団に組み込んでいた。戦国時
代には尼子氏や三村氏との争いが続き、天文17年（1548）に貞久が病死す
ると、尼子氏に高田城を奪われている。永禄2年（1559）貞勝は旧臣ととも
に高田城を回復したが、同7年（8年とも）貞勝が三村家親に敗れて自刃し
落城。同9年三村家親の死に乗じて今度は貞勝の兄貞広が高田城を奪回し
ていたが、天正4年（1576）宇喜多氏・毛利氏の連合軍に敗れて再び落城し、
三浦氏は滅亡した。

三村氏　備中国川上郡の戦国大名。常陸国の出で、承久の乱後、新補地
頭として信濃国洗馬郷（長野県東筑摩郡朝日村）から備中国川上郡（井原市
美星町）に入部したのが祖。南北朝時代には三村左京亮が成羽荘（高梁市
成羽町）を領していた。その後備中の有力国人として成長し、天文2年
（1533）成親が成羽城（高梁市成羽町）に拠る。家親は毛利氏に属して鶴首
城に拠り、永禄4年（1561）には尼子氏方の吉田義辰を討って備中松山城を
奪った。さらに美作にも侵攻したが、同9年美作国久米南条郡籾村（久米郡
久米南町）の興禅寺で宇喜多直家の刺客に鉄砲で暗殺された。子元親は翌
年に宇喜多氏を討つために備前に兵を進めたが、明禅寺合戦で敗れている。
天正元年（1573）宇喜多氏と毛利氏が結んだことから、元親は織田信長と
結んだため両軍の追討を受け、同3年落城して自刃、三村氏は滅亡した。

Ⅰ　歴史の文化編　　37

名門／名家

◎中世の名族

宇喜多氏
う き た

備前の戦国大名。百済からの渡来人の末裔とも、児島高徳の子高秀の子孫ともいうが不詳。本貫は備前国児島（倉敷市）で三宅氏の末裔とみられる。室町時代、能家は備前守護代の三石城主浦上則宗に仕え、邑久郡豊原荘（岡山市西大寺）に本拠を置いていた。1534（天文3）年、能家は高取山城主島村豊後守に攻められて自害、興家は直家を連れて備前福岡（瀬戸内市）に逃れて、豪商阿部善定に匿われた。興家没後、直家は尼僧の伯母の下で育てられ、43（同12）年に浦上宗景に出仕、翌年には乙子城（岡山市）の城主となった。以後、島村備後守を討つと、66（永禄9）年には備前侵攻を図っていた松山城主三村家親を暗殺。次いで金川城主松田氏を降して西備前を平定し、73（天正元）年には岡山城に転じた。そして、将軍足利義昭の仲介で毛利氏と和議を結ぶと三村氏を滅ぼし、さらに主家浦上氏をも滅ぼして備前・美作を支配する戦国大名に成長した。

跡を継いだ秀家は豊臣秀吉の高松城水攻めを総力で支援、後に秀吉の養女豪姫を娶ってその近臣となり、秀吉政権下では岡山57万4000石を領し、五大老の一人となった。

関ヶ原合戦で西軍に属して敗れ、1606（慶長11）年八丈島に流された。嫡流は孫九郎家を称して「宇喜多」を名乗り、分家は「浮田」を称した。明治維新後になって赦免され、子孫は東京に移った。

◎近世以降の名家

伊木家
い ぎ

岡山藩家老。桓武平氏で鎌倉権五郎景政の子孫という。織田信長が伊木山城（岐阜県）を攻めた際に香川忠次が功をあげ、信長が伊木氏

を名乗らせた。後秀吉の指示で池田家の筆頭家老となった。

関ヶ原合戦後、1603（慶長8）年播磨三木で3万7000石を領し、17（元和3）年3代忠貞の時池田家の鳥取転封に従って伯耆倉吉に移った。32（寛永9）年の岡山再入封後は、備前国邑久郡虫明（瀬戸内市邑久町）に陣屋を構え、家禄は3万3000石。幕末の13代忠澄は藩論を勤王倒幕にまとめ、維新後は三猿斎と号した茶人として知られた。1906（明治39）年忠愛の時に男爵となる。

池田家

岡山藩主。紀姓池田氏の子孫とも清和源氏多田氏の子孫ともいうが不詳。織田信長の乳母養徳院の子恒興（信輝）は信長の乳兄弟として出世、本能寺の変後は豊臣秀吉に従ったが、長久手の戦いで嫡子之助と共に討死。跡を継いだ二男輝政は三河吉田で15万石を領し、徳川家康の娘良正院を継室に迎えて信任を得、関ヶ原合戦後播磨姫路で52万石を領した。

輝政の長男利隆は1616（元和2）年に死去。嫡子光政は8歳であったことから翌年因幡鳥取32万石に移された。32（寛永9）年岡山藩主光仲が3歳で襲封したことから、再び国替えとなり、備前岡山31万5200石に再入封した。1884（明治17）年章政は侯爵となる。分家に備中鴨方藩、備中生坂藩各藩主の池田家があり、いずれも子爵となった。

また、茂政の長男勝吉は79（同12）年に分家して一家を興し、84（同17）年男爵となった。

池田家

岡山藩家老建部領主。元は森寺氏を称し、代々伊勢国赤堀城主だったという。秀勝は池田恒興の重臣となり7000石を領した。2代忠勝の跡は池田恒興の孫の長貞が継いだが早世、1607（慶長12）年長貞の弟の長政が継いで4代目となり、以後は池田氏を称して森寺池田家と呼ばれた。32（寛永9）年の岡山再入封では備前国津高郡中田村（岡山市北区建部町）に陣屋を構えて1万4000石を領した。以後代々岡山藩家老をつとめる。6代長尚の時に1万石に減知となっている。1906（明治39）年博愛の時男爵となる。

板倉家

備中松山藩（高梁市）藩主。清和源氏。足利泰氏の二男義顕は渋川氏を称したが、その前に下野国足利郡板倉（栃木県足利市）に住んで

いたことから板倉とも称したことに由来する。勝重は徳川家康に仕えて1601（慶長6）年京都所司代となり、子重宗の時に5万石に加増され、56（明暦2）年下総関宿藩に入封した。その後、各地を転々とし、1744（延享元）年勝澄の時に備中松山5万石に移った。幕末の勝静は儒学者山田方谷を登用して藩政を改革、みずからは老中となって大政奉還などに活躍した。1868（明治元）年に2万石に減知、翌年高梁藩と改称した。84（同17）年勝弼の時に子爵となる。分家に備中庭瀬藩主の板倉家がある。

伊東家
〔いとう〕

備中岡田藩（倉敷市）藩主。藤原南家。長実が豊臣秀吉に仕え、小田原攻めで功をあげて備中川辺（倉敷市真備町）で1万石を賜ったのが祖。関ヶ原合戦では石田三成の挙兵をいち早く徳川家康に知らせたが、大坂の陣では秀頼方に属して大坂城に籠城。戦後、長実は高野山で自害しようとしたが許され、1615（元和元）年備中・美濃・摂津・河内で1万340石を与えられて諸侯に列し、備中川辺に陣屋を置いた。64（寛文4）年陣屋を岡田（倉敷市真備町岡田）に移し、岡田藩となる。1884（明治17）年長藤）の時子爵となる。
〔ながとし〕

伊原木家
〔いばらき〕

天満屋創業家。備前国上道郡西大寺村（岡山市）で天満屋と号した灰問屋で、通称灰天満屋と呼ばれていた。藩主池田家の岡山入りに伴って西大寺に移り住んだと伝える。

幕末の定四郎の二男茂兵衛は大坂に出て修行した後、1829（文政12）年独立して木綿・太物などを扱う小間物店を開業。維新後は洋風雑貨を取り扱って発展、その後洋雑貨を甥の宗衛に、小間物・化粧品を婿養子馬吉に譲り、みずからは呉服専門の卸に徹する一方、土地の集約に取り組んで大地主となった。藻平は1912（大正元）年に岡山に進出、18（同7）年には天満屋を創業し、25（同14）年には岡山県初の百貨店を開店した。戦後、女婿の伍朗が4代目を継ぎ、岡山商工会議所会頭を6期つとめるなど、岡山県経済界の重鎮として活躍した。1998（平成10）年に6代目を継いだ隆太は14年間社長を務めた後、2012（同24）年岡山県知事となった。

宇田川家
〔うだがわ〕

津山藩医。品川の旧家宇田川家の一族で、武蔵国足立郡淵江村（東京都足立区）で帰農した後、元禄年間頃に玄仲が医師となり、弟に

家を譲って江戸に出たのが祖。三代道紀の時に津山藩に漢方医として抱えられ。5代玄随は前野良沢や杉田玄白らと親交を持ち、洋学者に転じた。養子玄真（榛斎）は1813（文化10）年幕府の蕃書和解御用に抜擢される。その養子榕庵も蕃書和解御用をつとめ、日本最初の化学書である『舎密開宗』を著した。榕庵の孫の興斎は明治時代に物理学者として活躍した。

大橋家
おおはし

備中国浅口郡阿知（倉敷市阿知）で中島屋と号した豪商。倉敷で江戸末期に栄えた新禄派二十五家の一つ。元は豊臣家に仕える武士で、大坂の陣後、京都の五条大橋近くに隠棲して大橋氏を称したという。明暦年間（1655〜1658）に備中国窪屋郡中島村（倉敷市中島）に転じ、さらに宝永年間（1704〜1711）に阿知に移って金融業や塩田経営で財を成した。天保の飢饉の際に千両を献じて名字を許され、さらに直島（香川県）に塩田を開いて帯刀も許された。同家住宅は国指定重要文化財として公開されている。

大原家
おおはら

備中国倉敷（倉敷市）の豪商。児島屋と号した綿の仲買商人で、5代目壮平は1860（万延元）年年寄、翌年庄屋をつとめた。維新後、6代目孝四郎は土地を集積して屈指の大地主となり、88（明治21）年倉敷紡績の設立に出資して成功。91（同24）年には倉敷銀行も設立し、98（同31）年には大原奨学会を創設した。7代孫三郎は中国地方屈指の大財閥に成長させる一方、社会事業も積極的に行った。また、児島虎次郎を渡欧させてヨーロッパの近代絵画を蒐集、児島の没後は大原美術館を創立した。その妻寿恵子はアララギ派の歌人・酒津倉子としても知られる。

8代目総一郎は経団連常任理事などをつとめる傍ら、社会事業・文化事業をさらに発展させた。また、戦後間もない1947（昭和22）年には物価庁次長として、経済復興につとめている。

荻野家
おぎの

備前国児島郡吹上（倉敷市下津井）の豪商。廻船業・倉庫業を営む。本家の元荻野家の他、東家、西家、花家の三家があり、岡山藩の融通方をつとめて名字帯刀を許されていた他、丸亀藩にも融資をしていた。1876（明治9）年に荻野屋本家は解散している。

このうち東荻野家は代々休次郎を襲名し、本家解散以後も続いた。幕末

I　歴史の文化編　　**41**

から明治にかけての休次郎煙浦は、文人画家である一方、美術品の蒐集家として知られた。また、西荻野家は「むかし下津井回船問屋」として復元し、公開されている。

木下家
きのした

備中足守藩（岡山市）藩主。桓武平氏を称す。播磨国の出で豊臣秀吉の妻高台院（お禰）の実家として知られ、杉原氏を名乗っていた。家定の時豊臣秀吉に仕え、先祖の名字に復して木下と改称した。後播磨姫路で2万5000石を領したが、利房は関ヶ原合戦で西軍に属したため所領を没収された。

その後、1614（慶長19）年大坂冬の陣に参陣、翌年の大坂夏の陣では京都で秀吉の正室である高台院を守護したことから、同年徳川秀忠より父の遺領である備中国賀陽・上房両郡のうち2万5000石が与えられ、37（寛永14）年跡を継いだ利当の時に正式に足守藩として立藩した。1884（明治17）年利恭の時に子爵となった。明治時代の白樺派の歌人木下利玄は、幕末の足守藩主の弟利永とその側室の間に生まれた子で、後に当主が死去したために本家を継いだものである。

関家
せき

新見藩主。藤原北家秀郷流。美濃国武儀郡関（岐阜県関市）発祥。長重（成重）の時織田信長に仕え、成政は森長一に属して1584（天正12）年長久手の戦いで討死した。成政の子成次は森忠政に従い津山藩家臣となった。その長子長継は忠政の養子となって森家を継ぎ、次子長政が関家を継いだ。長政の跡は森家に入った長継の六男長治が継ぎ、1697（元禄10）年備中国に1万8000石を賜って、翌年に備中国新見（岡山県新見市）に陣屋を構えて新見藩を立藩した。1884（明治17）年子爵となる。

戸川家
とがわ

交代寄合。美作国苫西郡戸川（津山市）発祥。伊予の河野氏の末裔で稲葉氏の一族と伝える。秀安は宇喜多直家の重臣となって備前国常山城（玉野市）に拠り、2万5000石を領した。子達安も直家・秀家の重臣だったが、1599（慶長4）年の宇喜多家の内紛で離れ、翌年の関ヶ原合戦では東軍に属した。戦後、備中国都宇・賀陽両郡で2万9000石を与えられ、賀陽郡庭瀬（岡山市）に陣屋を置いて庭瀬藩を立藩した。1679（延宝7）年安風の死後無嗣断絶となった。
むし だんぜつ

その後、分家で1000石の旗本だった達富が5000石に加増されて交代寄合として再興、庭瀬に陣屋を置いた。83（天和3）年賀陽郡の所領が小田郡・川上郡に移されたため、下撫川に陣屋を移した。

　分家に都宇郡早島村（都窪郡早島町）に陣屋を置いた早島戸川家があり、明治の詩人戸川安宅（残花）は、宮津藩主松平家の三男で早島戸川家の養子となったものである。

土倉家
とくら

岡山藩家老。祖貞利は真言宗の僧だったが、還俗して織田氏に仕え、桶狭間合戦の後池田恒興に属した。2代勝看は1632（寛永9）年の備前国磐梨郡市場村（和気町）に陣屋を構えて1万1000石を領し、以後代々岡山藩家老をつとめた。1906（明治39）年光三郎の時に男爵となる。

西江家
にしえ

備中国川上郡坂本村（高梁市成羽町）の鉱山経営家。桓武平氏三浦氏の末裔といい、応仁の乱後に坂本に移り住んだと伝える。戦国時代は毛利氏に従い、関ヶ原合後帰農した。1647（正保4）年3代目の時にベンガラ製造に着手。兵右衛門は1751（宝暦元）年に硫化鉄鉱を使って硫酸鉄の凝結に成功して、鉱山経営で財を成した。大庄屋もつとめる。

野崎家
のざき

備前国児島郡味野村（倉敷市児島味野）の豪商。武左衛門が足袋の製造販売で財を成した後、塩田開発に転じて味野村・赤崎村の沖合48町8反歩を開墾、両村から一字ずつ取って野崎浜と呼ばれたことから、みずから野崎氏と改称した。さらに新田開発も手懸けて成功、幕末には備前を代表する大地主となった。また、塩・石炭問屋も経営して豪商となり、武左衛門は「塩田王」と呼ばれた。

花房家
はなふさ

交代寄合。清和源氏で、足利泰氏の孫の職通が常陸国久慈郡花房（茨城県常陸太田市花房）に住んで花房氏を称したと伝える。後備前国に移り、戦国時代に職之（職秀）と正幸がそれぞれ宇喜多直家に仕えた。

　職之は宇喜多秀家の下で各地に転戦して功をあげ、豊臣秀吉の推挙で家老となったものの、長船綱直や石田三成の讒言で秀家の怒りを買い、宇喜多家を退去した。1600（慶長5）年、下野小山で徳川家康に拝謁してその配下となり、直後の関ヶ原合戦に出陣。戦後、備中国都宇・賀陽両郡で8220

Ⅰ　歴史の文化編　　43

石を賜り、賀陽郡高松（岡山市北区高松）に陣屋を置いて交代寄合となった。

日置家 _{ひき}

岡山藩家老。出自は不詳。初代真斎は美濃の尾浦城に拠り、永禄年間（1558～1570）には池田恒興に従っていた。3代忠俊の時に家老となり、1603（慶長8）年の備中入国の際に、備前国津高郡金川（岡山市）で1万4000石を領した。鳥取転封では因幡鹿野を領し、32（寛永9）年の岡山再入封で再び金川に陣屋を構え1万6000石を領した。1906（明治39）年健太郎の時男爵となる。

蒔田家 _{まいた}

浅尾藩（総社市）藩主。陸奥国津軽郡蒔田（青森県五所川原市金木町）発祥で藤原南家。広光は豊臣秀吉に仕えて、伊勢雲津（三重県津市）で1万石を領した。二男広定は関ヶ原合戦では西軍に属して伊勢安濃津城を攻めたため戦後高野山に蟄居したが、浅野幸長のとりなしで許された。その際、備中国で1万石余りを与えられていったん諸侯に列したが、2代定正が弟長広に3000石（三須蒔田家）を分知して交代寄合となった。

1863（文久3）年広孝が幕府に高直しを願い出て認められて1万石となり、陣屋を備中井手から浅尾（総社市）に移して浅尾藩を立藩した。84（明治17）年広孝の時子爵となり、後初代総社町長をつとめた。養子広城は貴族院議員となり、その子広靖は日本海テレビ常務をつとめた。現在は「まきた」と読む。

松平家 _{まつだいら}

津山藩主。1623（元和9）年松平忠直が改易された後、24（寛永元）年に子光長が越後高田で25万石を与えられて再興したのが祖。そのため、同家では越前家の嫡流は福井藩主家でなく、津山藩主家であるとする。

光長は81（天和元）年に越後騒動で改易、98（元禄11）年に宣富が津山10万石で再興した。1726（享保11）年5万石に減封となったが、1817（文化14）年に11代将軍家斉の一四男斉民を養子に迎えて10万石に復帰した。84（明治17）年康民の時に子爵となる。

斉民の八男斉は88（明治21）年に分家し、男爵を授けられた。その子斉光は貴族院議員となり、東京都立大学名誉教授である。

三浦家 _{みうら}

美作勝山藩（真庭市）藩主。桓武平氏三浦氏の末裔で、土井利

勝の甥に当たる三浦正次が、1607（慶長12）年徳川家光に仕えたのが祖。以後累進して30（寛永7）年には1万石となって下総矢作藩を立藩した。39（同16）年には下野壬生（栃木県下都賀郡壬生町）2万5000石に加転。明敬は89（元禄2）年若年寄となって92（同5）年日向延岡2万石に転じ、さらに1712（正徳2）年三河吉田2万3000石に転じた。後三河西尾に転じ、64（明和元）年明次が美作勝山2万3000石に入封した。1884（明治17）年顕次の時に子爵となる。

箕作家

津山藩医。宇多源氏佐々木氏の末裔という。1782（天明2）年貞固が津山藩医として召し出され、その子阮甫は江戸時代を代表する洋学者の一人となり、1862（文久2）年阮甫は幕臣となった。維新後孫の麟祥が元老院議官、行政裁判所長官などを歴任し、97（明治30）年男爵を授けられた。麟祥の孫の祥一は日本大学農獣医学部教授をつとめた。

麟祥の叔父の秋坪も津山藩医から幕臣に転じ、61（文久元）年には幕府の遣欧使節に伴って渡仏。維新後は新政府の招きに応じず、在野で子弟の教育に当たった。長男の大麓は秋坪の実家菊池家を継いで数学者となり東京帝国大学総長、第1次桂内閣の文部大臣などを歴任して1902（明治35）年男爵を授けられた。また、弟の佳吉は動物学者で東京帝大理科大学学長、秋坪の四男元八は西洋史学者で東京帝大理学部教授をつとめている。

山崎家

成羽藩（高梁市）藩主。近江国犬上郡山崎（滋賀県彦根市）発祥。堅家の時に豊臣秀吉に仕えて摂津三田で2万3000石を領した。子家盛は関ヶ原合戦では東軍に属し、1601（慶長6）年因幡若桜（鳥取県八頭郡若桜町）3万石に加転。家治は備中成羽3万石、肥後富岡4万石を経て、讃岐丸亀5万石に入封したが、57（明暦3）年治頼が8歳で死去したため所領が没収された。

その後、讃岐仁保5000石を分知されていた叔父の豊治が名跡を相続、58（万治元）年備中成羽に移り交代寄合となった。1868（明治元）年治祇の時に高直しで1万2700石となり、成羽藩主として諸侯に列した。84（同17）年治敏の時に男爵を授けられた。

博物館

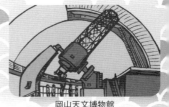

岡山天文博物館
〈188cm反射望遠鏡ドーム〉

地域の特色

　山陽道の中央に位置する県で、県庁所在地は岡山市。15市11町1村で人口は約188万人（2021（令和3）年1月現在）、そのうち岡山市と倉敷市に人口の6割以上にあたる約120万人が居住している。県北部は中国山地と盆地、中部は吉備高原などの丘陵地、南部は平野となり、瀬戸内海には多くの島々がある。「晴れの国おかやま」を県のキャッチコピーとするとおり晴れの日が多く、天体観測に最適な環境のため県内には国内有数の巨大望遠鏡が集まっており、日本初の公開天文台である倉敷天文台も建てられた。また、温暖な気候を生かして白桃やマスカットを産するくだもの王国としても知られている。古代には吉備国として現在の広島県東部や香川県の島嶼部を含み、大和地方と並ぶ勢力をもっていたといわれている。吉備国を分割したうち、備前、備中、美作が現在の岡山県域である。江戸時代には池田家の下で繁栄し、日本三名園の一つに数えられる後楽園や閑谷学校など、文化教育面でも発展した。古代吉備の時代から製鉄技術にすぐれ、後には備前刀の生産で栄えた。陶器の備前焼は平安時代後期から現代に続く日本六古窯の一つとして知られる。博物館は岡山市、倉敷市、美作市を中心に多く、各地域の特色や伝統に基づいた活動を行う博物館があり、また美術館も多い。岡山県博物館協議会には85館が加盟し、情報交換や研修、出版などの共同事業を実施している。

主な博物館

倉敷市立自然史博物館　倉敷市中央

　岡山県内の自然に関する資料収集と調査研究、そして多彩な教育活動を行っている博物館。1983（昭和58）年に開館し95万点以上の資料を収蔵している。常設展示は岡山県の成り立ちや生き物、昆虫や植物の世界をテー

マに構成しており、ナウマンゾウの骨格やカブトガニ、世界のチョウや甲虫の標本などが見どころ。数多くの自然観察会や講座が行われ、年間を通じて本格的に昆虫を学ぶ「むしむし探検隊」や、全館を使ったイベント「自然史博物館まつり」も開催している。友の会活動も盛んで、独自の自然観察会や宿泊観察会、手づくり教室、動物や植物に関するグループ活動などを行っている。イベントスタッフや標本整理などのボランティアも受け入れている。

岡山県立博物館　岡山市北区後楽園

　県内の文化遺産を収集、保存し、広く公開する歴史博物館。特別名勝・後楽園の入り口前にあり、県政百年の記念事業として1971（昭和46）年に開館した。国宝の赤韋威鎧をはじめ考古、美術、古文書、民俗、刀剣、備前焼など約1万5千件の資料を収蔵している。岡山の歴史と文化をテーマに、考古資料、民俗資料、仏教美術を展示するほか、岡山の伝統工芸である備前焼や備前刀の展示も充実している。博物館講座やスクールプログラムを行うほか、独自の活動に参加できる友の会もある。

笠岡市立カブトガニ博物館　笠岡市横島

　生きた化石といわれるカブトガニを専門とした世界唯一の博物館。繁殖地として国の天然記念物に指定されている神島水道に面している。前身は1975（昭和50）年にできたカブトガニ保護センターで、幼生の放流などの保護活動をはじめ、調査研究、教育活動を行っている。展示では生きたカブトガニとその生態や生活史などの解説、同時代を生きた恐竜や地球の歴史を模型やクイズなども交えて紹介し、飼育展示室ではカブトガニの幼生なども展示する。恐竜公園も併設している。

川崎医科大学現代医学教育博物館　倉敷市松島

　現代医学・医療を中心とした内容を、専門家だけでなく一般にも理解しやすく展示する博物館。一般に公開している「健康教育博物館」では体の仕組みから病気・医療などをパネル・模型・標本などを用いて解説している。医療関係者向けフロアでは約1,800点の標本を中心に展示する。展示の模型、標本、パネルなどは展示物製作フロアで職員が製作したものである。

I　歴史の文化編　47

岡山シティミュージアム　岡山市北区駅元町

　岡山市の歴史と今を記録展示し、次世代へ引き継ぐ博物館。2005（平成17）年に岡山市デジタルミュージアムとして開館し、2012（平成24）年に現在の名称になった。常設展示室では城下町岡山や岡山の自然を紹介するほか、企画展も開催。岡山情報宝庫では床一面の航空写真上で専用機器を用いて情報を探すことができる。岡山の映像ライブラリーもある。併設する岡山空襲展示室では1945（昭和20）年の空襲の様子を現在に伝えている。国宝や重要文化財も展示可能な企画展示室では、恐竜、アートなど幅広い分野の特別展を開催している。

津山科学教育博物館（つやま自然のふしぎ館）　津山市山下

　世界各地の動物の剝製がぎっしりと並ぶ自然史の総合博物館。1963（昭和38）年に開館し、建物は旧津山基督教図書館高等学校夜間部の校舎を改築したもの。哺乳類や鳥類、化石、鉱石、貝類、昆虫類、人体標本など約2万点の標本を常設展示している。ローランドゴリラ、アムールヒョウなどの希少生物や、館創設者森本慶三本人の臓器標本などもある。

津山郷土博物館　津山市山下

　美作地域の政治・経済・文化の中心地として栄えてきた津山にあって郷土の文化財を収集、保管、研究し、公開する歴史博物館。建物は旧津山市役所を用いている。常設展示では美作地域の地質時代から現代までの歩みを通史的に展示している。講座や体験教室、学校での授業や友の会活動なども行っている。

長島愛生園歴史館　瀬戸内市邑久町虫明

　日本初の国立療養所である長島愛生園にあり、2004（平成16）年に開館した博物館。ハンセン病の歴史から学び、偏見・差別のない世界をつくり上げるための活動を行っている。展示室ではハンセン病問題の解説、入所者の心情などを展示している。園内では、かつての施設の見学もできる。展示解説、体験講話、学芸員の講師派遣、見学クルーズ、見学バス運行なども行っている。見学には事前予約が必要。

岡山天文博物館　浅口市鴨方町本庄

　岡山天体物理観測所（現国立天文台ハワイ観測所岡山分室）の敷地内に1960（昭和35）年に開館した博物館。観測所の隣には2019（平成31）年に観測を開始した東アジア最大を誇る京都大学せいめい望遠鏡もある。館内ではこれらの望遠鏡施設や研究、さまざまな天文現象について紹介するほか、プラネタリウム、太陽のフレアや黒点の観測ができる太陽観測室などがある。天文に関する講座を開催したり、友の会活動も行っている。

備前長船刀剣博物館　瀬戸内市長船町長船

　日本刀の一大産地として栄えた備前長船の地にある、日本刀専門の博物館。敷地内にある鍛刀場や刀剣工房では、刀工や塗師などの作業を実際に見ることができる。博物館では常時約40口の日本刀を展示するほか、テーマ展、特別展なども開催している。今泉竣光刀匠記念館も併設している。小刀やペーパーナイフを実際に製作できる体験講座も開催している。

岡山県古代吉備文化財センター　岡山市北区西花尻

　古代、吉備と呼ばれた岡山県内の埋蔵文化財の調査研究を進め、出土品を保存、活用するために設置された。県内全域で発掘を行い、数万箱の資料を収蔵している。展示室では総社市神明遺跡の銅鐸など約150点の資料を時代別、テーマ別に展示。企画展や講演会、現地見学会、体験学習イベント、津島遺跡やよいまつりなどを開催している。

岡山理科大学恐竜学博物館

　自然科学の教育拠点、恐竜研究拠点として2018（平成30）年に設立した博物館。メイン展示室の他、サテライト展示が大学内に分散している。「研究現場そのままが展示」を合言葉に学生と教員でつくり上げた展示は、モンゴル・ゴビ砂漠で発掘された化石や岡山県産の化石の他、化石処理室や標本室も見ることができ、発掘調査から研究に至るプロセスをくわしく知ることができる。

Ⅰ　歴史の文化編　　49

倉紡記念館　倉敷市本町

　倉敷で創業した紡績会社・クラボウ株式会社の企業ミュージアム。倉敷アイビースクエアの一角にあり、創立当時に建てられた原綿倉庫を1969（昭和44）年に記念館としてリノベーションして使用している。紡績機械、文書、写真、模型、映像など約500点を展示し、時代ごとのクラボウの軌跡と日本の紡績産業の歩みを学ぶことができる。

吉備路文学館　岡山市北区南方

　明治以後の吉備路（岡山県全域と広島県東部）ゆかりの小説家、歌人、詩人、俳人、映画人などの著書や資料を収集・展示する文学博物館。年4回の特別展、企画展を開催し、展示以外のスペースでは講座やコンサート、朗読会などを開催している。敷地内の庭園も見どころで、鬱金桜の開花時期には庭園を開放している。

野﨑家塩業歴史館　倉敷市児島味野

　製塩業と新田開発で財を成した野﨑武左衛門が築いた民家を公開する博物館。約3千坪の敷地に建物と庭園が江戸時代後期の創建のままに保存されており、2006（平成18）年には旧野﨑家住宅として国の重要文化財に指定された。展示館では製塩の歴史や工程を紹介するほか、江戸時代の調度品や生活用具を展示。塩づくり体験館では土鍋で塩をつくる体験ができる。

閑谷学校資料館　備前市閑谷

　特別史跡旧閑谷学校は、江戸時代前期に創建された、現存する世界最古の庶民のための公立学校である。史跡内では国宝の講堂をはじめ数多くの建造物が公開されている。資料館は1905（明治38）年に私立中学閑谷黌の本館として建てられた建物で、旧閑谷学校の資料を展示している。論語塾などさまざまなイベントも年間を通じて開催されている。

名 字

〈難読名字クイズ〉
①埊／②五老海／③忍峡／④生水／⑤生咲／⑥杭田／⑦昌谷／⑧直／⑨住宅／⑩湛増／⑪直宿／⑫小童谷／⑬三十日／⑭無垢品／⑮従野

◆地域の特徴

　岡山県の名字も西日本で一番多い山本が最多となっているが、それ以下には独特の名字も多い。

　2位には岡山を代表する名字である三宅が入っている。三宅の全国順位は194位で、全国には2万数千世帯の三宅さんがいると思われるが、その半数以上は瀬戸内海沿岸にあり、その本拠地が岡山県である。

　三宅一族の系譜ははっきりとしない。古代豪族に新羅からの渡来人の末裔である三宅連がいたことが知られるほか、中世の摂津国の国人や、江戸時代の大名の三宅氏もあるが、お互いの関係は定かではない。

　岡山県の三宅のルーツは倉敷市内の地名で、南北朝時代に南朝方の武将として活躍した児島高徳の子孫といわれるが、本来は古代の屯倉に由来しているのではないだろうか。屯倉とは、古代に朝廷が穀物を貯蔵した倉のことだが、やがて貯蔵庫だけでなく、その米を作った田んぼや、耕作民までを含むようになった。備前にあった屯倉から、三宅の地名と名字ができ

名字ランキング（上位40位）

1	山本	11	難波	21	高橋	31	清水
2	三宅	12	小野	22	近藤	32	藤田
3	藤原	13	中村	23	林	33	石原
4	佐藤	14	原田	24	山下	34	木村
5	田中	15	松本	25	山田	35	妹尾
6	藤井	16	池田	26	川上	36	坂本
7	井上	17	片山	27	森	37	大森
8	小林	18	岡田	28	山崎	38	岡崎
9	渡辺	19	石井	29	太田	39	内田
10	岡本	20	吉田	30	橋本	40	赤木

Ⅰ　歴史の文化編　51

たと考えられる。現在も倉敷市に集中している。

3位の藤原、6位藤井、14位原田は山陽地方一帯に共通する名字で、藤井は県西部の笠岡市と井原市に集中している。

40位まででは、11位の難波と35位の妹尾を除くと県独自の名字はみあたらない。なお、37位の大森は別に珍しい名字ではないが、他県ではあまり上位には入っていない。

41位以下では、48位平松、78位守屋、94位河本が独特。平松は各地にあるが、ベスト100に入っているのは岡山県のみ。県内では高梁市に多い。守屋は関東・甲信地区にも多いが、やはりベスト100に入っているのは岡山県だけである。こうした各地の守屋氏は物部守屋の子孫と伝えるものが多い。また、山で寝泊まりする小屋のことも守屋ということから、これに由来するものもあると思われる。

河本は全国的には「かわもと」と読むことが多いが、岡山県から兵庫県の播磨地方にかけての地域では「こうもと」と読むことが多い。岡山県では88%が「こうもと」である。

101位以下では、赤沢、白神、板野、矢吹、春名、仁科、角南などが特徴。このうち、白神は読みが「しらが」と「しらかみ」に分かれるが、4分の3が「しらが」である。清寧天皇の名代部である白髪部に由来する古い名字で、白髪と書くことも多い。

また、板野は全国の過半数、角南は3分の2が岡山県に集中している。板野は岡山市、角南は倉敷市に多い。

● **地域による違い**

県庁所在地である岡山市は、広域合併で旧備中国にまで広がっているが、基本は備前国に属している。この岡山市を中心に、備前地区では山本と藤原が多く、平成大合併前の旧19市町村の大半は、このどちらかが最多だった。現在でも、赤磐市と和気町では藤原が最多、岡山市の東区でも藤原が最も多い。一方、備前市と瀬戸内市では山本が最多で、岡山市全体でも山本が最多である。

この2つ以外では、旧邑久町で太田、旧熊山町で矢部、旧建部町で河本、旧加茂川町で片山、旧日生町で橋本が最多だった。また、旧牛窓町の名字はかなり独特で、出射、為房、神宝、鳴坂といった名字が多い。この他では、旧熊山町の金光、旧赤坂町の道満、旧建部町の善木、旧和気町の万代と草

加、旧日生町の星尾などが独特の名字である。

備中地区は、南部と北部でかなり違っている。倉敷市を中心とする備中南部では三宅と藤井がとくに多く、倉敷市では三宅、笠岡市では藤井が最多。妹尾と難波も目立つ。旧山手村では守安が最多で、以下、友野、風早、高谷、剣持が上位の5つという独特の名字構成だった。この他では、旧金光町の中務・久戸瀬、旧寄島町の道広・応本、旧船穂町の中桐などが独特。

備中北部は自治体ごとにばらばらで、合併前の12市町村では最多の名字がすべて違っていた。全体的には、小林、川上、藤井が多く、現在も新見市では小林、高梁市では川上が最多（合併前の旧高梁市では藤井が最多だった）。旧川上町では川上が最多で、自治体名と最多の名字が一致している珍しいケースだった。独特の名字としては、旧備中町の江草・物部・古米、旧大佐町の木曽田などがある。

美作地区は平成大合併前には小規模な自治体が多かった。以前、津山市を中心とする美作西部には21もの市町村があり、山本、池田、横山、小椋などが最多となっているところが多かった。現在は津山市と美咲町で山本、真庭市と鏡野町で池田が最多となっている。独特の名字も多く、旧中和村では美甘が最多だったほか、旧湯原村の浜子、旧加茂町の厨子、旧中央町の貝阿弥、旧旭町の草地・氏平などがある。

美作東部では、山本、春名、小林が多いほか、旧勝央町では植月、旧勝田町では皆木、旧奈義町では野々上が最多だった。この他、旧勝央町の竹久、旧勝田町の梶並、旧大原町の船曳・新免などが独特の名字である。

● **難波と妹尾**

11位の難波と35位の妹尾はいずれも岡山県独特の名字で、ともに古い由来を持つ。

難波は岡山県内に全国の38％の人が住んでいるという岡山県独特の名字。岡山以外では兵庫県南部や大阪北部にあり、この3府県だけで半数を超している。

県内では南部に集中しており、備前国には中世から豪族難波氏がいた。御野郡や津高郡を本拠とし、源平合戦では平家方の武将として、難波経遠・経房の名がみえる。

この難波氏は、古代豪族の葛城氏の末裔とされ、備前国に屯倉が設けられた際に赴任したといわれる。源平合戦でも平家方に属し、承久の乱でも

I　歴史の文化編　53

敗れた宮方に与したが、一族はしぶとく生き残った。室町時代には鳶淵山城主となり、戦国時代にも宇喜多氏の配下として活動している。

　35位の妹尾も県内に全国の3分の1が住んでいる特異な名字で県南部に多く、とくに備中南部に集中している。ルーツは備中国妹尾郷（岡山市）で神官卜部氏の末裔という。平安末期の保元の乱の際に、平家方の武将として妹尾兼康（保）の名がみえるなど、難波氏とともに、古くからこの地方に力を持っていた一族だった。

　難波一族と違って、鎌倉時代以降の活動は不明だが、戦国時代の同地の武士に妹尾を名字とするものがみられるなど、備中では一定の勢力を保っていたとみられる。なお、県外では「せお」と読むことも多い。

◆岡山県ならではの名字

◎赤木
　岡山県を中心に山陽地方に多い名字。ルーツは信濃国筑摩郡赤木郷（長野県松本市）で桓武平氏秩父氏の一族。承久の乱後、新補地頭として備中国川上郡穴田郷（高梁市）に移った。戦国時代に毛利氏に従い、江戸時代は長州藩士となった家と、帰農した家に分かれた。読み方は「あかぎ」と「あかき」に分かれている。

◎植月
　全国の6割以上が岡山県にあり、県北部に集中している。ルーツは美作国勝田郡植月（勝田郡勝央町）で、現在も勝央町では最多名字である。菅原氏の庶流で、中世の武士団美作菅家党の一つ。元弘3（1333）年植月重佐が挙兵して赤松則村に従っている。

◎国富
　備前国上道郡国富（岡山市）がルーツ。比丘尼山城に拠り、宇喜多氏に仕えた。慶長4（1599）年宇喜多氏の内訌の際に退去し、関ヶ原合戦後は戸川氏に仕えた。現在も全国の半数以上が岡山県にあり、とくに岡山市と倉敷市に多い。

◎白神・白髪
　第22代清寧天皇は生まれつき白髪であったため白髪皇子といい、その名代部である白髪部に由来する名字。備中国窪屋郡には白髪部郷（総社市）があり、現在もこの付近に集中している。なお、現在では白髪よりも白神と書くことが多く、白神の3分の2は「しらが」と読む。

◎須々木

　中世、備前国御野郡（岡山市）に須々木氏があった。『太平記』には北朝
方の武将として須々木高行の名がみえ、室町時代には同地に須々木行景が
いたことが知られている。戦国時代、須々木行連は船山城（岡山市）に拠っ
て松田氏に属した。現在でも岡山市に集中している。

◎花房

　岡山県から兵庫県播磨地方にかけての名字で、とくに岡山市付近に多い。
常陸国久慈郡花房（茨城県常陸太田市）がルーツで、清和源氏足利氏の庶
流。足利泰氏の孫の職通が花房氏を称したのが祖である。のち備前国に移
り、職之（職秀）と正幸はそれぞれ宇喜多氏に仕えて家老となった。職之
はのちに宇喜多秀家の怒りを買って退去、関ヶ原合戦の際に東軍に属して
功を挙げ、子孫は備中高松で7,220石を知行する旗本となった。

◆岡山県にルーツのある名字

◎黒住

　全国の半数以上が岡山県にあり、岡山市や笠岡市に集中している。備中
国都宇郡黒住村（岡山市）がルーツ。岡山県三社宮の神官を務める黒住家
があった。末裔から黒住教の教祖黒住宗忠が出ている。

◎新免

　県北部に多く、とくに英田郡の旧東粟倉村・大原町（ともに美作市）に
集中していた。美作国の土豪に新免氏がいた。粟井荘新免村（美作市）が
ルーツ。明応2（1493）年竹山城（美作市）に拠った。宗貫（伊賀守）の時、
宇喜多氏に仕える。剣豪宮本武蔵の父（養父説もある）は新免無二といい、
美作の国衆であった新免氏の一族ともいわれる。

◎角南

　美作国英田郡江見荘角南（美作市）がルーツで、藤原姓とも桓武平氏千
葉氏ともいう。重義は初め備前の宇喜多秀家に仕えていたが、慶長9（1604）
年子重勝とともに徳川家康に仕えた。以来旗本として大和国で1,000石を
領した。

◎真鍋

　北四国に多い名字だが、ルーツは備中国真鍋島（笠岡市）。平安時代末期
に真鍋島に移り住んで真鍋氏を称したという。戦国時代の紀伊の土豪に真
鍋氏がいる。天正13（1585）年豊臣秀吉が根来衆と戦った時に、秀吉に与

Ⅰ　歴史の文化編　　55

している。のち蜂須賀氏に仕えた。

◎虫明（むしあけ）

　全国の6割以上が岡山県にあり、岡山市から浅口市にかけて集中している。備前国邑久郡虫明村（瀬戸内市邑久町虫明）がルーツで、中世には国衆の虫明氏がいた。

◎和気（わけ）

　備前国藤野郡（岡山県）の古代豪族。姓は朝臣・垂仁天皇の子鐸石別命（ぬてしわけのみこと）の子孫という。佐波豆の時に美作・備前の国造となる。神護景雲3（769）年清麻呂は宇佐八幡宮の神託を得て道鏡の野心を退けるが、怒りを買って大隅国に流された。のち許されて中央政界に復帰。清麻呂の長男広世は医薬学に通じて、医家和気氏の祖となった。時雨の時初めて典薬頭となり、以後一族は医家として典薬頭、医博士などを歴任した。

◆珍しい名字

◎一十林（いちじゅうばやし）

　真庭市にある一十林という名字の読み方は「いちじゅうばやし」。現存する名字の中では読みが最も長いとされる8文字の名字の一つである。

◎湛増（たんそ）

　湛増という名字は、源平合戦にも登場する熊野別当湛増の末裔と伝える。ただし、熊野別当は「たんぞう」と読むが、名字としての湛増は「たんそ」が正しいという。戦前の湛増庸一衆議院議員も、名字には「たんぞう」とルビを振られることが多いが、正しい読み方は「たんそ・よういち」である。

◎宿直（とのい）

　倉敷市にある宿直は、古典に詳しい人だと読むことができる。宮中で夜の警備を行う人のことを「宿直」と書いて「とのい」といったことに由来する。

◎渭（みなもと）

　津山市にある名字。渭「さんずい＝水、首＝大元」という意味で、「みなもと」と読む。源から漢字を変えたものと考えられる。

〈難読名字クイズ解答〉

①ありづか／②いさみ／③おしお／④おみず／⑤きさき／⑥くえだ／⑦さかや／⑧じく／⑨すみたく／⑩たんそ／⑪とのい／⑫ひじや／⑬みとおか／⑭むくしな／⑮よりの

II

食の文化編

米 / 雑穀

地域の歴史的特徴

岡山市の津島遺跡からは紀元前300年頃とみられる稲作を行う農耕集落が出現している。

飛鳥時代の7世紀に吉備国が備前、備中、備後の3国に分割された。

713(和銅6)年には備前国の北部を割いて美作(みまさか)国を置いた。1573(天正元)年には宇喜多直家が築城し、岡山に城下町が完成した。岡山という地名は城のあった小さい丘(岡山明神)が由来である。

17世紀には、児島湾を中心とした大規模な干拓による新田開発が行われた。その後、干拓地では塩抜きや、児島湖を淡水化してかんがい用に用いるなど工夫した結果、稲作が盛んになった。

美作、備前、備中の3国によって岡山県が創立されたのは1876(明治9)年である。

コメの概況

岡山県の耕地面積の78.3%は水田、農業産出額に占めるコメの産出額は22.2%で品目では鶏卵を上回りトップと、コメ中心の農業が営まれている。

水稲の作付面積の全国順位は19位、収穫量は18位である。収穫量の多い市町村は、①岡山市、②津山市、③倉敷市、④真庭市、⑤美作市、⑥総社市、⑦赤磐市、⑧新見市、⑨瀬戸内市、⑩吉備中央町の順である。県内におけるシェアは、岡山市26.9%、津山市8.6%、倉敷市8.6%、真庭市6.0%などで、県都の岡山市が県全体の収穫量の4分の1強を占めている。

岡山県における水稲の作付比率は、うるち米92.8%、醸造用米3.8%、もち米3.4%である。作付面積の全国シェアをみると、うるち米は2.0%で全国順位が19位、醸造用米は5.5%で3位、もち米は1.8%で15位である。

知っておきたいコメの品種

うるち米

（必須銘柄）あきたこまち、アケボノ、朝日、コシヒカリ、ヒノヒカリ
（選択銘柄）あきだわら、アキヒカリ、キヌヒカリ、きぬむすめ、吉備の華、中生新千本、にこまる、日本晴、ヒカリ新世紀、ひとめぼれ、みつひかり、ミルキークイーン、夢の華
　うるち米の作付面積の品種別シェアは、「アケボノ」（18.8％）、「ヒノヒカリ」（17.7％）、「あきたこまち」（17.4％）の順であり、他の道府県に比べ特定品種への集中度は低い。

- **アケボノ**　農林省（現農研機構）が「農林12号」と「朝日」を交配し1953（昭和28）年に育成した。県南部一帯で広く栽培されている。胚芽の残存率が高く、胚芽精米、すし米、酒造用米など幅広い用途に使われている。2015（平成27）年産の1等米比率は54.6％だった。
- **ヒノヒカリ**　主に県中南部で栽培している。2015（平成27）年産の1等米比率は77.8％だった。県内産「ヒノヒカリ」の食味ランキングはAである。
- **あきたこまち**　主に県北部で栽培している。2015（平成27）年産の1等米比率は70.8％だった。
- **きぬむすめ**　県内産「きぬむすめ」の食味ランキングは、2016（平成28）年産で初めて最高の特Aに輝いた。
- **コシヒカリ**　主に県中北部で栽培している。県内産「コシヒカリ」の食味ランキングはAである。
- **朝日**　コシヒカリ、ハツシモ、あいちのかおりなどのルーツとなった優良米である。主に県南部で栽培している。郷土料理の祭りずしにも適している。2015（平成27）年産の1等米比率は84.6％だった。

もち米

（必須銘柄）ココノエモチ、ヒメノモチ、ヤシロモチ
（選択銘柄）なし
　もち米の作付面積の品種別比率は「ヒメノモチ」が最も多く全体の47.1

Ⅱ　食の文化編　　59

％を占め、「ココノエモチ」（27.9％）、「ヤシロモチ」（8.7％）がこれに続いている。この3品種が全体の83.7％を占めている。

● **ヤシロモチ**　島根県が「陸稲×朝日と朝日のF4」と「早生桜糯」を交配して1961（昭和36）年に育成した。岡山県と島根県が中心である。

醸造用米

（必須銘柄）雄町、山田錦
（選択銘柄）吟のさと

　醸造用米の作付面積の品種別比率は「山田錦」54.4％、「雄町」45.6％の割合である。

● **雄町**　県南部の適地で集団栽培に取り組んでおり、現在は雄町の全国生産量の9割近くが岡山産である。

> ### 知っておきたい雑穀

❶小麦

　小麦の作付面積の全国順位は23位、収穫量は22位である。主産地は県内作付面積の76.8％を占める岡山市である。これに津山市、瀬戸内市、鏡野町が続いている。

❷二条大麦

　二条大麦の作付面積の全国順位は4位、収穫量は5位である。栽培品種は「スカイゴールデン」などである。作付面積を市町村別にみると、岡山市が68.7％と群を抜き、瀬戸内市（11.5％）、玉野市（6.7％）などと続いている。

❸はだか麦

　はだか麦の作付面積、収穫量の全国順位はともに13位である。主産地は笠岡市（県内作付面積の35.7％）と岡山市（28.6％）である。

❹ハトムギ

　ハトムギの作付面積の全国順位は13位である。収穫量の全国順位は三重県と並んで11位である。主産地は岡山市（県内作付面積の42.5％）と津山市（40.0％）で、両市に続く玉野市のシェアは17.7％である。

❺アワ

　アワの作付面積の全国順位は7位である。収穫量は四捨五入すると1ト

ンに満たず統計上はゼロで、収穫量の全国順位は不明である。

主産地は美作市と玉野市で、作付面積はともに全体の48.8％を占める。両市に続く岡山市のシェアは2.4％である。

❻キビ

キビの作付面積の全国順位は8位である。収穫量の全国順位は山梨県と並んで6位である。主産地は玉野市で県内作付面積の90.9％を占め、瀬戸内市は9.1％である。

❼そば

そばの作付面積、収穫量の全国順位はともに27位である。真庭市が県内作付面積の41.0％、収穫量の50.0％を占めている。栽培品種は「在来種」などである。

❽大豆

大豆の作付面積の全国順位は20位、収穫量は24位である。県内の全市町村で広く栽培されている。主産地は津山市、勝央町、岡山市、吉備中央町、美作市などである。栽培品種は「サチユタカ」「青大豆」「丹波黒」などである。

❾小豆

小豆の作付面積、収穫量の全国順位はともに5位である。主産地は真庭市、高梁市、美作市、吉備中央町などである。

コメ・雑穀関連施設

- **東西用水**（高梁川・笠井堰掛、倉敷市、早島町）　井堰で取水された高梁川の水は、1924（大正13）年に完工した取水樋門を通って酒津配水池に貯められ、南北配水樋門から西岸用水、西部用水、南部用水、備前樋用水、倉敷用水、八ヶ郷用水によって倉敷市、早島町などの農地に供給されている。南配水樋門は15連である。

- **西川用水**（岡山市）　旭川の合同堰から取水し、福田、浦安など下流の農業地域に用水を供給する稲作に欠かせない農業用水路である。全長は16kmである。西川は、岡山市の中心部を北から南に流れていることもあって、川沿いの散策路など親水公園としての整備も進んだ。

- **神之淵池**（久米南町）　大正期（1912～26）に築造された。「日本の棚田百選」に認定されている棚田のある北庄地区の45haの水田を潤して

Ⅱ　食の文化編　61

いる。「棚田米」は有機農法で栽培している。同地区では、地元小学校の農業体験学習が行われている。池は棚田と溶け込み、独特の中山間地の景観を形成している。

- **倉安川用水**（岡山市）　倉安川は、1679（延宝7）年に津田永忠が築造した、吉井川と旭川を結ぶ20kmの人工河川である。南部の干拓地へかんがい用水を送るとともに、高瀬舟の運河でもあった。江戸時代、高瀬舟は倉安川吉井水門に築かれた二重式水門で水位を調節して倉安川に入り、旭川へ出て、岡山城下まで通じていた。
- **和気町田原井堰資料館**（和気町）　国営事業である新田原井堰の完成によって、江戸時代に津田永忠が築いた岡山県指定史跡の田原井堰が撤去されたことを受けて、300年の歴史をもつ同堰の資料を保存し、後世に伝えるため1986（昭和61）年に建設された。旧井堰で使われていた多くの巨大な石も保存されている。

コメ・雑穀の特色ある料理

- **祭りずし**　祭りずしは、ばらずし、岡山ずしともいわれる。新鮮な海の幸や、彩り豊かな山菜などを具に使った、ちらしずしである。昔、岡山藩主池田光正公が、「庶民は一汁一菜」にせよ、との節約令を出したのがきっかけだった。人々は、魚や野菜を寿司の具に使えばお菜ではないから、別に一菜口にできると考え、すし飯に何種類もの具を入れてかき混ぜて食べた。岡山の代表的な郷土料理として、祭りだけでなく、来客や祝い事でもつくられる。
- **どどめせ**　炊き込みごはんに酢を混ぜた炊き込みずしで、祭りずしなどの元祖とされる。鎌倉時代末期、「備前福岡の市」の渡しがあり、ふとしたはずみに船頭の弁当にどぶろくがかかってしまった。これが美味だったため、「どぶろくめし」が「どどめせ」となまって、後世に伝えられたという。
- **ままかりずし**　ママカリは、ニシン科のサッパの岡山での呼び名である。長さ10cmほどの小魚で、瀬戸内海で水揚げされる。この魚がおいしくて、まま（ご飯）がなくなり、隣家に借りにいくということから名前が付いた。祭りや祝い事などの際、ふるまわれることが多い。ママカリは、産卵前の6月頃が最もおいしい。

- **蒜山おこわ**（蒜山高原）　県北部の同高原は、中国地方で最も高い大山のすぐ南東に位置しているため、岡山側からも多くの人々が大山参りに出掛けた。その土産に持ち帰った大山おこわと似たようなおこわが蒜山おこわの名前でつくられるようになった。

コメと伝統文化の例

- **七日祈禱**（岡山市）　岡山市延友地区ではかつて7月7日におにぎりを握り、集落中で食べた。これは、田植えが終わり、過酷な、い草刈りが始まる前に地域のコミュニケーションを深めるための行事である。開催日は、その後、人の集まりやすい5月5日の祝日に変更された。

- **渡り拍子**（西部）　岡山県西部の農村地帯で豊作などを祈る秋祭りの伴奏楽として広く伝わってきた民俗芸能である。神輿とともに地域を巡りながら踊る渡り拍子の一団は、秋祭りを彩る。開催日は地域ごとに異なる。

- **岡山後楽園お田植え祭**（岡山市）　日本三名園の一つである後楽園内の田んぼ「井田」で昔ながらの田植えと田植え踊りが披露される。「さげ」とよばれる男衆の太鼓と歌に合わせて、紺がすりに菅笠姿の早乙女がテンポよく苗を植えていく。新見市の哲西町はやし田植保存会や神代強度民謡保存会のメンバーが協力する。開催日は毎年6月第2日曜日。

- **布施神社のお田植祭**（鏡野町）　豊年祈願の行事である。境内を清める獅子練りの後、荒起こし、しろかき、くめじろ、田植えの神事が行われる。最後に殿様と福太郎の掛け合いで見物人は笑いに包まれるが、殿様は笑わない。殿様が笑うと不作になるといわれるからである。開催日は毎年5月5日。

Ⅱ　食の文化編

こなもの

きびだんご

地域の特色

　本州の中国地方の東部に位置する県で、県庁所在地は岡山県南部の岡山平野中部にある。岡山はかつての備前・備中・美作の3つの地域であり、岡山市は江戸時代の池田氏32万石の城下町であった。山陽・山陰・四国を結ぶ交通上の要地で商工業の発達している地域である。

　岡山県の南は瀬戸内海に面し、岡山平野がある。南端に児島半島があり、気候は温暖である。中央部に吉備高原、北部に中国山地があり、その間に津山盆地がある。江戸時代には岡山藩や津山藩など、いくつかの藩が分立していた。岡山藩は、治水や干拓による開発が行われ、新田を開発し、明治時代には広大な農地を開発した。

食の歴史と文化

　岡山県は古くから米どころとして知られている。コシヒカリの先祖に当たる「朝日米」や酒造に最適の「雄町米」の産地として有名である。ビールの原料の二条大麦の産地としても知られている。

　明治時代以来、日本有数のモモの産地となり、とくに白桃の生産量は高い。ピオーネ、マスカット・オブ・アレキサンドリアなど高級ブドウの生産地としても知られている。

　伝統野菜として首の部分の赤紫色の「万善カブ」は、江戸時代から作られていて、この漬物は代官に献上したといわれている。「岡山野菜」としてブランド化されているものには、ナス、トマト、イチゴ、アスパラガス、キュウリなどがある。

　近年、B級グルメのブームにより蒜山の地名がマスコミに登場している。B級グルメでは焼きそばがヒット商品のようであるが、蒜山ダイコンも地野菜として利用されている。「蒜山おこわ」という郷土料理がある。もち米に山菜・鶏肉・栗などを混ぜて蒸し上げたご飯で、祭りや祝い事のある

ときに作られる。

魚介類が豊富なところから、さまざまな魚介類やその他の具をのせた絢爛たる「祭りずし」は有名である。

有名なこなものとして「きび団子」がある。岡山名物といえるもので、水田が少なく、畑の多い風土から生まれた団子らしい。慶安4（1856）年に、原料の「キビ」と地名の「吉備」を結びつけて「吉備団子」いわれるようになったとの説がある。

粉の食べ方の一つとして香煎があるが、岡山県ではコムギ・ハダカムギで作り「イリコ」とよんでいた。

知っておきたい郷土料理

だんご・まんじゅう類

①焼きんぼう

米粉、そば粉で作るだんごで、これにヨモギやハコグサを入れる。秋から冬にかけて朝食や夕食に食べる。とくに、稲こぎ（稲の脱穀）が終わった11月頃に最もよく食べる。「焼きんぼう」のことは、「焼きもん」「いすぬかだんご」ともいう。

くず米を水気のあるうちに粉に挽く。鉄鍋でヨモギやハコグサを入れて煮立たせ、そば粉やくず米の粉を加えて煮詰める。火からおろしてすばやくかき混ぜ、荒熱をとったらだんごになる硬さに捏ねる。直径約3cmのだんごに丸め、囲炉裏で焼いて、醤油、味噌で食べる。熟した柿をつけて食べることもある。

②きびだんご（吉備団子）

岡山県の吉備高原ではキビ、アワを、粒のまま米の上にのせて蒸したキビ餅、アワ餅として食べるか、キビやアワを粉にしてから団子にして食べた。キビんはもち種とうるち種があり、現在お土産として市販されている吉備団子はもち種のキビを使って作っている。

土産品として、もち独特の軟らかさと滑らかさを保つように作られている。カビの発生や品質劣化を抑えるために、砂糖や水飴などをつかって工夫している。現在は、もち米を使い、キビ粉を混ぜて作っている。

岡山市の吉備神社の境内で、キビの粉を原料として作った団子で、安政

年間（1854～60）に広栄堂の初代・武田浅次郎が、池田藩の家老である茶人からうけて創製した求肥餅から展開したものと伝えられている。キビ（黍）と吉備の国（昔の備前・備中・備後・美作の4つの国）の語呂合わせから吉備団子とよばれるようになった。

　吉備団子の製造元の広榮堂（創業は、安政3年、1856年）は、「むかし吉備団子」と「元祖きびだんご」を作っている。もともとは、もち米に砂糖と水飴を加えて軟らかい求肥にし、風味づけたものであった。池田藩主に認められた、お茶席にもふさわしい「きびだんご」の誕生となったといわれている。「きびだんご」の売り上げが飛躍的に伸びたのは、明治24（1891）年の山陽鉄道開通にともなう岡山駅での立ち売りであった。

③しんこ細工

　岡山県では、八朔（8月1日）の子どもの初誕生を祝って犬や馬などの動物の形を米の粉で作る風習がある。この風習は香川県にも残っていて、歴史的には古いものである。

④藤戸まんぢゅう（藤戸饅頭）

　倉敷市の名物酒まんぢゅう。江戸期創業の藤戸饅頭本舗が、品質を守り続けているまんぢゅうである。北海道十勝産の小豆を使用したこし餡を甘酒の混ざった小麦粉の生地で薄く包んだ、ほのかに甘酒の香りのするまんぢゅう。藤戸饅頭本舗が倉敷で営業を始めたのは、万延元（1860）年である。もともとは、藤戸まんぢゅうは、藤戸寺の観世音に供えたまんぢゅうであり、その後供養のために配られた。

⑤大手まんぢゅう（大手饅頭）

　岡山市の名物饅頭。麹種による薄皮の酒饅頭である。江戸時代中期の天保8（1837）年に回船問屋の伊部屋永吉が酒饅頭の作り方を習得し、岡山城の大手門近くに店を構え、池田侯が好まれた饅頭として「大手まんぢゅう」と名付けた。

お焼き・焼きおやつ・お好み焼き・たこ焼き類

①流し焼き

　水を加えた小麦粉をどろどろの生地にし、砂糖で甘味をつける。これを、熱くした「ほうろう」に流し入れて焼く。両面がきつね色になるまで焼く。

この焼いた生地で小豆餡を包んで食べる。

旧暦6月1日（「ろっかつしてえ」）に、作るおやつ。

めんの郷土料理

①年取そば

年末にあらかじめ石臼で挽いたそば粉で、正月に作る。煮干しでとっただし汁で、隠し味に砂糖を加え、醤油味のそば汁をかけて食べる。

②そば切り

そばに、けんちん汁をかけて食べる。

③にゅうめん（牛窓町）

うどんや素麺を甘い小豆のあんをかけて食べる。小豆の代わりにササゲのあんをかけることもある。岡山県の牛窓町の人々はぜんざいをよく作ることから発想したうどんや素麺の食べ方である。

④にゅうめん（笠岡市）

ダイコン、ジャガイモ、カボチャなどを入れて煮た醤油味の汁を、うどんにかけて食べる。主として客のもてなしに作る。

Ⅱ　食の文化編　67

▶ 知事も売り込むブドウ「シャインマスカット」

くだもの

地勢と気候

　岡山県は、北は中国山地、南は瀬戸内海に接している。北から南に徐々に高度が下がり、東西に広がりをもつ階段状の地形である。中段にあたる吉備高原は、県面積の7割を占める。県南部には岡山平野が広がっている。中国山地に源を発する高梁川、旭川、吉井川の3大河川は県を横断し、瀬戸内海に注ぐ。

　北部の中国山地は平均気温が低く、降水量は年間を通じて多い。吉備高原など中央部は、温暖で、降水量は、梅雨や台風の時期以外は少ない。瀬戸内海に面した南部は、温暖で、降水量は年間を通じて少ない。このように、北部を除いて、岡山県の気候は温暖で、自然災害も少ない。

知っておきたい果物

ブドウ　ブドウの栽培面積、収穫量の全国順位は、ともに山梨県、長野県、山形県に次いで4位である。栽培品種は「マスカット・アレキサンドリア」「シャインマスカット」「ピオーネ」「吉備路」「コールマン」「瀬戸ジャイアンツ」「紫苑」「ニューピオーネ」などと多彩である。「瀬戸ジャイアンツ」は岡山県が開発した。

　主産地は岡山市、倉敷市、高梁市、新見市、赤磐市などである。出荷時期は「ピオーネ」が5月中旬～10月下旬、「マスカット・アレキサンドリア」が5月上旬～12月上旬頃などである。

　「紫苑」の収穫は10月下旬～12月下旬頃で、日本では珍しい冬のブドウである。岡山を代表する「マスカット」や「ピオーネ」に次いで、次世代を担うブドウとして地元の期待は大きい。

　岡山県内では明治初期にブドウの栽培が始まった。国内初のブドウのガラス温室栽培や、袋かけ栽培に取り組んできた。大阪市中央卸売市場によると、岡山県産果実の4割が大阪市場で流通している。「シャインマスカ

ット」のシーズン始めには、知事らが大阪でトップセールスを行っている。

桃 　　岡山県では高級フルーツの生産が多い。桃の王者とされる「白桃」もその一つである。桃の栽培面積、収穫量の全国順位はともに6位である。栽培品種は「白桃」をはじめ、「白鳳」「黄金桃」「清水白桃」などである。主産地は倉敷市、岡山市、赤磐市、浅口市などである。出荷時期は7月中旬～9月中旬頃である。

　岡山県内では明治初期に桃の栽培が始まった。赤磐市の旧山陽町では1887（明治20）年から「白桃」の生産を続けており、古くからの「白桃」の生産地の一つである。岡山県産の「白桃」についてはJA全農が「岡山白桃」として地域ブランドに登録している。

レモン 　　レモンの栽培面積の全国順位は三重県と並んで7位である。主産地は瀬戸内市、岡山市、倉敷市などである。収穫時期は10月中旬～1月中旬頃である。瀬戸内市では、「日本のエーゲ海」などともいわれる牛窓地域での栽培が盛んである。

西洋ナシ 　　西洋ナシの栽培面積、収穫量の全国順位はともに10位である。栽培品種は「シルバーベル」「パスクラサン」などである。産地は赤磐市などである。

　赤磐市赤坂地区は、「パスクラサン」の全国でも数少ない産地である。同地区の「パスクラサン」の栽培は明治時代に始まった。「パスクラサン」はフランス原産で、1玉500～700gの大玉である。11月中旬頃に収穫して追熟させ、12月頃に出荷する。

メロン 　　メロンの作付面積、収穫量の全国順位はともに11位である。主産地は岡山市、瀬戸内市、総社市などである。出荷時期は4月上旬～11月下旬頃である。

　岡山市の足守地区はメロンの大産地である。「足守メロン」として知られ、岡山県内で生産するアールスメロンの大部分を占めている。年間を通して温室で栽培されているが、特に7月と10月は生産量が多い。

カキ 　　カキの栽培面積の全国順位は14位、収穫量は15位である。主産地は岡山市、津山市などである。渋を抜いた干し柿「西条」の出荷時期は10月上旬～1月中旬頃である。

サクランボ 　　サクランボの栽培面積の全国順位は14位である。収穫量の全国順位は、広島県と並んで14位である。主産地は

備前市、赤磐市などである。

ユズ　　ユズの栽培面積の全国順位は15位である。主産地は久米南町、井原市、高梁市などである。

イチジク　　　イチジクの栽培面積の全国順位は16位である。主産地は笠岡市、岡山市、倉敷市、和気町などである。出荷時期は6月上旬～10月下旬頃である。

クリ　　クリの栽培面積の全国順位は15位、収穫量は17位である。産地は井原市、新見市などである。出荷時期は9月上旬～10月上旬頃である。

ビワ　　ビワの栽培面積、収穫量の全国順位はともに18位である。産地は赤磐市などである。

ミカン　　ミカンの栽培面積の全国順位は21位、収穫量は23位である。主産地は備前市、瀬戸内市などである。収穫時期は10月中旬～12月中旬頃である。

スモモ　　スモモの栽培面積の全国順位は19位、収穫量は21位である。栽培品種は「大石早生」「ソルダム」などである。主産地は和気町などである。収穫時期は6月下旬～8月上旬である。

スイカ　　スイカの作付面積の全国順位は、沖縄県と並んで21位である。収穫量の全国順位は24位である。出荷量は県内では瀬戸内市が最も多く、倉敷市、津山市、岡山市、井原市などでも出荷している。出荷時期は6月上旬～7月下旬頃である。

リンゴ　　リンゴの栽培面積の全国順位は20位、収穫量は22位である。主産地は新見市、和気町などである。収穫時期は8月下旬～10月下旬頃である。

ブルーベリー　　　ブルーベリーの栽培面積の全国順位は22位である。主産地は吉備中央町、真庭市、西粟倉村などである。出荷時期は6月中旬～8月下旬頃である。

キウイ　　キウイの栽培面積の全国順位は、石川県と並んで28位である。収穫量の全国順位は30位である。産地は岡山市などである。収穫時期は9月下旬～11月下旬頃である。

日本ナシ　　日本ナシの栽培面積の全国順位は28位、収穫量は27位である。栽培品種は「愛宕」「新高」などである。主産地は岡

山市、新見市、赤磐市などである。出荷時期は10月上旬〜1月下旬頃である。

「ヤーリー（鴨梨）」は中国原産のナシで、その形はカモが首をすくめた姿に似ているところから名前が付いた。岡山市東区西大寺などで生産されている。強い香りに特徴があり、独特の香りを楽しむこともできる。

ウメ
ウメの栽培面積の全国順位は30位、収穫量は31位である。主産地は津山市、岡山市などである。出荷時期は6月上旬〜下旬頃である。

イチゴ
イチゴは岡山市、倉敷市、笠岡市などで生産されている。栽培品種は「さがほのか」が主力で、ほかには「紅ほっぺ」「章姫」「さちのか」などである。出荷時期は12月上旬〜5月下旬頃である。

ヤマブドウ
ヤマブドウの栽培面積の全国順位は4位である。主産地は真庭市などである。

オリーブ
オリーブの栽培面積の全国順位は5位である。主産地は瀬戸内市などである。

地元が提案する食べ方と加工品の例

果物の食べ方

栗小豆おこわ（岡山県）
蒸し器の底に敷き布を濡らして敷き、軽くゆでたクリを底に敷き、上にもち米とゆでた小豆を混ぜて入れ、蒸す。小豆煮汁、砂糖、酒、塩を入れて混ぜ、再び蒸し器で約10分蒸す。

蒜山おこわ（岡山県）
五目おこわの一種で、小豆の代わりに、クリと押し麦を入れる。クリは渋皮を取り、一日天日に。他の材料はもち米、鶏肉、ゴボウ、ニンジン、フキ、干しシイタケ、油揚げ、サヤインゲン。

梨とキノコのゴマ酢あえ（津山市）
皮と芯を取り一口大の薄切りにしたナシと、食べやすい大きさでさっとゆでたシメジとシイタケを、だし汁、すりごま、酢などで和える。器に盛ってユズの皮の千切りを散らす。

Ⅱ 食の文化編

ユズのうま煮（津山市）

　ユズ1kgを半分に切り、汁を絞った後で、種を取り小口切りに。水煮大豆、じゃこを加え、砂糖、酒、醤油とともに、はじめは強火、途中から中火にして水気がなくなるまで煮詰める。

小カブとシメジの柚子ドレッシング（倉敷市）

　小カブは薄くイチョウ切りにし、塩でもみ、絞る。シメジはゆで、水を切る。ユズ果汁とオリーブオイルをよく混ぜて、これらを和える。冷やしてスプラウトを飾る。

果物加工品

- 岡山県産フルーツ缶詰セット　JA全農おかやま

消費者向け取り組み

- 梅の里公園　津山市
- 岡山後楽園　岡山市、ウメの実の収穫が恒例行事
- 町営室原すもも園　和気町
- 観光りんご園　和気町、14品種、1,060本のリンゴの木を栽培

魚　食

地域の特性

　中国地方の東端に位置し、南の地域は瀬戸内海に面している。晴天が多く、降水量が少ないのが特徴である。その気候条件から「晴れの国」とのイメージがある。この気候条件を利用した農作物の栽培も盛んである。北部の鳥取県との間には中国山脈が横たわり、津山・勝山・新見の盆地、なだらかな吉備高原が占めている。南部には吉井川・旭川・高梁川が流れ、その流域には岡山平野が広がっている。昔、「吉備国」といわれたのは、吉備という穀物の「きび」の意味に由来するといわれている。南端には児島半島が突き出していて、瀬戸内海の日生諸島・笠岡諸島は岡山県に属する。

魚食の歴史と文化

　岡山県には、3,000以上の縄文式遺跡が発見されていて、紀元前1世紀頃から文化的に開けていたと推測されている。蒜山地方の祭りには、昔から米や山菜、鶏肉、栗を混ぜ込んで蒸しあげた「蒜山おこわ」を作る。このおこわは、五目御飯のようにいろいろな食材を混ぜたものである。これに似たものに魚や野菜をふんだんに使った「ばらずし」が郷土料理として発達してきている。「ばらずし」は、別名祭りずし、岡山ずし、魚鳥ずしともいわれている。藩主・池田光政は、鳥取から備前（岡山）に移ると、江戸時代の1671（寛文11）年に藩の財政を立て直すための倹約令を実施した。食事については、身分により一汁一菜あるいは一汁二菜にし、派手なことを禁じた。この祭りずしは倹約の時代の中に、やや贅沢を味わうために生まれた「すし」であった。最初は素朴なすしであったが、後に藩に対する抵抗から、さまざまな食材を限りなく使う贅沢なものに変わってしまった。岡山県は季節ごとに、海の幸や山の幸に恵まれていたことと、吉備の米が質がよく、すしに適していたことも、このすしの発達を促し、受

Ⅱ　食の文化編　　73

け継がれてきている理由とも思われる。後に、「すし一升・金一升」といわれる贅沢なものになり、現在も岡山の郷土料理を提供している店では豪華な散しずしを用意してくれる。

知っておきたい伝統食品・郷土料理

地域の魚介類
冬から春にかけてはカタクチイワシの稚魚のシラス漁が始まり、煮干しのちりめんじゃこの製造も行われる。子持ちの小イカ・イカナゴ・アナゴ・アナゴの稚魚（ベラタ）・イイダコ・サヨリ・メバル・マダイ・アサリ・バカガイ・サワラなどが美味しくなる。初夏から盛夏にかけてはマサバ・ハモ・シャコ・クロダイ・オコゼ・アワビなど魚介類が美味しくなる。秋には小イワシ・ママカリ・サワラ（秋サワラ）の漁獲量が多くなり、冬の小エビ（アミ）の漁獲量も増える。

アナゴ（日生）、マナガツオ（瀬戸内海）、サワラ（瀬戸内海）、マダコ（下津井）、シャコ（笠岡）、カキ（虫明）、タイラギ（備讃瀬戸）、ガザミ（旧寄島町）なども注目されている。

川魚では、吉井川のコイ、青江付近のドジョウ、夏のウナギのほかズガニ（吉井川）もよく知られている。

伝統食品・郷土料理

①ばらずし

魚介類をのせた散しずし。祭りに作り祝う。ばらずしに使用される食材には、魚介類関係ではママカリ・サワラ・マダイ・ヒラメ・ハモ・イワシ・アナゴ・小エビ・マダコ・蒲鉾藻ガイ・でんぶがあり、野菜類ではシイタケ・マツタケ・木の芽・クワイ・ウド・キクラゲ・フキ・キヌサヤ・タケノコ・ゴボウ・ニンジン・レンコン・サトイモ・枝豆・グリーンピース・三つ葉などがある。季節によってこれらの食材から選んで使われる。錦糸卵や厚焼き玉子も使われる。

②サワラ料理

● さわら炒り焼き　漁師料理で、獲れたてのサワラを船内でさばき、鍋に入れて醤油、砂糖、酒、味醂を加えて、煮過ぎないうちに食べる。

● サワラのこうず漬け　サワラと沢庵を組み合わせた瀬戸内海の日生地方

のすし。祭りや行事に作る。

③魚のすし

- さばずし　海から遠い地区で、祭りの祝い料理として塩蔵してあるサバを使って作る。
- ままかりずし　あまりにも美味しいのでご飯を借りてまでも食べてしまうといわれるママカリを酢漬けにし、すしタネにする。すし飯に酢漬けしたママカリをのせたものもある。
- 魚島ずし　マダイ・サワラ・タケノコ・サヤエンドウ・山椒の若芽を混ぜ合わせた春に作るすし。

④ママカリ料理

　ママカリの学名はサッパ（ニシン科サッパ属）で、ママカリは瀬戸内海地方の呼び名である。全長は20cm くらいに達するが、食用とするのは10cm 前後のものが多い。ママカリの酢漬けをままかり（飯借り）と呼ぶことが多い。

- 酢漬け　岡山の秋を代表する瀬戸内海の魚。美味しくて食が進み、隣の家まで飯（まま）を借りに行くということからこの名がついたといわれている。酢漬けにする。県南の郷土料理である。

⑤シャコ料理

　シャコは甲殻類の仲間で、シャコ科シャコ属に分類されている。分類上ではエビとかなり遠いが、成分はエビに近い。一般成分の中では脂質含有量が数％で、エビよりやや多く、エビとは違ったうま味がある。塩茹でして食べるほか、すし種、具足煮、揚げ物にも適している。

- シャコの二杯酢　茹でただけのシャコを二杯酢または三杯酢で食べる。

⑥サバ料理

- サバ鍋　2cm ほどに切ったサバを、長ネギ、ゴボウ、ダイコンなどと、味醂と醤油で煮込んだ料理。倉敷の郷土料理である。

⑦ズガニ料理

- かにかけご飯　秋の吉井川中流のズガニの料理。カニの団子を野菜と一緒に煮て調味し、汁ごと飯にかける。

⑧アミ（小エビ）料理

- アミの塩漬け　初冬に児島湾でとれるアミの塩漬け。

Ⅱ　食の文化編　　75

⑨ヒラメ料理（ヒラメとはアマゴのこと）

● アマゴの塩焼き　吉井川・旭川、高梁川で3～9月に釣れるアマゴを清流の河原で塩焼きにする。祭りに作る地域もある。

⑩ マダイの料理

● 浜焼きだい　または「鯛の浜焼き」。瀬戸内海に面する岡山県の漁港に、5月頃に水揚げされるマダイはサクラダイといわれるように体色が、桜の花の色のように美しくなる。かつては、瀬戸内海沿岸の各地の塩田の塩釜で、タイの蒸し焼きが行われ、現在では細々と受継がれている。浜焼きの歴史は古い。江戸時代初期に、倉敷の塩田で蒸し焼きが行われたのが始まりといわれている。蒸し焼きにしたものは、「伝八笠」（「甚平笠」ともいう）といわれる竹の皮笠に挟んで包装した。丁寧に身肉をとり、ショウガ醤油で食べるのもよいし、ほぐした身肉を入れた炊き込みご飯も美味しい。

● タイのヒレ酒　タイのヒレを焼いて乾燥し、ヒレ酒に使う。

● かぶと煮　マダイの頭を縦に2つに割り、煮つけにする。

● しょうが醤油焼き　マダイを姿のまましょうが醤油をつけて焼く。

⑪ コイ

● コイのから揚げ　オリーブ油でから揚げしたコイに、ニンジン・タマネギ・タケノコ・シイタケを素材としたクズあんかけとグリーンピースを散らしたもの。

⑫ カキ料理

● カキオコ　日生（五味）で広まった料理。お好み焼きに地域の特産のカキをいれたもの。

肉 食

デミカツ丼

▼岡山市の1世帯当たりの食肉購入量の変化 (g)

年度	生鮮肉	牛肉	豚肉	鶏肉	その他の肉
2001	41,391	10,750	14,762	12,264	1,635
2006	37,981	7,363	14,940	11,739	1,854
2011	45,175	8,309	16,826	15,265	1,656

　岡山県は、瀬戸内海に面し、南部には吉井川・旭川・高梁川がありその流域は岡山平野が広がり農作物を栽培しやすい地域である。とくに品質のよい果物の生産地として有名である。平野では乳牛のジャージー牛を飼育している。一部は肉用のウシとしても飼育している。ブロイラーの飼育、鶏卵の生産も盛んである。岡山県は肉用牛の飼育とそのブランド化、養豚についても支援している。また食肉の美味しさを求めて、畜産研究所を中心として銘柄のウシやブタを開発している。

　2001年度、2006年度、2011年度の「家計調査」の岡山市の1世帯当たりの食肉の購入量は、中国地方全体に比べて、総じて少ない傾向がみられる。多いのは、2001年度と2011年度の生鮮肉、2006年度の豚肉、2006年度の鶏肉で、購入量の増減には年度や食肉の種類による違いなどについて一定の規則性はみられなかった。

　生鮮肉の購入量に対する牛肉の購入量の割合は現在に近づくほど少なくなり、鶏肉の購入量の割合は、逆に多くなっている。豚肉の購入量の割合は2006年度は多いが、2001年度と2011年度は2006年度よりも少ない。岡山県の生鮮肉の購入量に対する各食肉の購入量の割合は、中国地方の全体の1世帯当たりに比べて少ない。もともと、岡山県の食肉の購入量が中国地方の購入量に比べて少ないからであろう。岡山県の北部の山地は野生の鳥獣のイノシシによる食害が多いので、岡山県もイノシシなど野生の鳥獣の生息数の調整のための捕獲が行われている。岡山県ではフランス料理店の協力によりジビエ料理を県内の食品関係者ばかりでなく家庭にも提案している。

凡例　生鮮肉、牛肉、豚肉、鶏肉の購入量の出所は総理府発行の「家計調査」による

知っておきたい牛肉と郷土料理

銘柄豚の種類

岡山県北部と鳥取県の県境の中国山脈の麓の自然豊かな環境がウシにストレスを与えることなく、ウシの飼育に適している。

❶千屋牛

「千屋牛」は、日本で最初に飼育されたウシで、1800年頃に製鉄で財をなした太田辰五郎によって改良された黒毛和種。その祖先は「竹の谷蔓牛」といわれるウシであったと伝えられている。岡山県の北部・阿新地区で育てられている。豊かな自然と清流からなる土壌に恵まれた新見・阿新地区は、ウシの飼育に適した静かな環境である。肉質はきめ細かなサシの入った霜降りの部位と赤身の肉のバランスがよい。口腔中に入れると溶けるような軟らかさと極上の風味をもっている。岡山県内の銘柄牛の中では、最も人気のある牛肉である。

❷おかやま和牛

岡山県内の指定生産JA管内の農家の人々が一頭一頭手塩にかけて健康な肉牛に飼育した黒毛和種で、その中から枝肉の肉質が（公社）日本食肉格付協会の基準に合うA−4以上のものが「おかやま和牛肉」として認められている。肉質と脂肪の交雑（霜降り）がよく、みずみずしく、軟らかく、コシのある美味しさをもっている。

❸蒜山ジャージー

蒜山地区で飼育しているジャージー種で、牛乳も肉も蒜山地区のイタリア料理の食材として利用されている。岡山県・蒜山高原にある「ひるぜんジャージーランド」（蒜山酪農農業協同組合）で、飼育している。蒜山の肉類料理は、B級グルメでも知られている。

❹奈義ビーフ

那岐山脈などの1,000m級の山々に囲まれた勝田郡奈義町の豊かな自然環境の中で、健康的に飼育した黒毛和種と交雑種である。脂肪が適度に入った霜降り肉と赤身の肉質のバランスがよい。飼育に当たっては飼料に抗生物質などを加えず安心と良品質の肉である。

食べ方は、千屋牛や奈義ビーフ、おかやま和牛肉と同じである。

❺美星ミート

　岡山県井原市美星町は畜産環境に恵まれ、生産から繁殖和牛雌だけをじっくりと健康で安心・安全のできる和牛として肥育している。

牛肉料理

● **津山ホルモンうどん**　50年以上の歴史がある津山市のご当地グルメ。出雲街道沿いの津山は、牛や馬の流通拠点だった。ペリーによる開国以後、神戸に居留した外国人が牛肉を購入したので、津山では新鮮な牛のホルモンが手に入りやすかった。使うホルモンも、小腸だけでなく、牛の第1胃のミノや第2胃のハチノス、ハツ、レバーなど様々。タレはニンニク風味の味噌ダレや、ピリ辛醤油など、各店が工夫を凝らしている。「津山ホルモンうどん研究会」が応援する。兵庫県の佐用町とは、昔から食文化の交流があり、佐用でも同じ様にホルモン焼うどんが食べられている。

知っておきたい豚肉と郷土料理

　畜産環境のよい美星町で「美星ミート」が美星豚を肥育し、地産地消を中心に生産から販売、消費まで一貫して関わっている。美星ミートは美星牧場を経営し、美星牛や美星豚を飼育している。美星牧場は、美星高原の気候風土、地域環境がウシやブタの飼育に適している。

❶奈義町産おかやま黒豚

　1978（昭和53）年に鹿児島から黒豚（バークシャー種）の種豚を導入し、黒豚の飼育を研究した。1996（平成8）年からの3年間は、イギリスから優良な黒豚を導入し、黒豚の産地づくりを研究し、銘柄豚を開発した。これが「おかやま黒豚」である。飼育に当たっては、飼料の材料として植物性たんぱく質を含むネッカリッチや大麦を使用しているのが特徴である。甘みのある肉質が好評である。ネッカリッチとは常緑広葉樹の樹皮を木酢で処理したものである。

豚肉料理

　郷土料理ではないが、「豚蒲焼」が人気の料理である。豚肉料理専門の居酒屋もある。トンカツ、ソテー、しゃぶしゃぶ、串焼きなどは他県の豚肉料理と同じく、一般的な料理である。

● **でみかつ丼**　とんかつの卵とじの卵の代わりに、甘辛いデミグラスソー

Ⅱ　食の文化編　　79

スをかけたもの。地域によって味に違いがある。岡山でみかつ丼、倉敷でみかつ丼がある。

知っておきたい鶏肉と郷土料理

❶おかやま地どり

岡山県農林水産総合センターの畜産研究所が開発した地鶏である。白色プリマスロック（♂）とゴールデンネック（♀）（ロードアイランドレッド♂と横斑プリマスロック♀の交配種）の交配種。出荷日数が90～100日。肉質は、赤みを帯びて厚みがあり、適度の脂肪を含んでいる。歯ごたえとコクのある肉質である。

❷岡山県産森林どり

丸紅畜産㈱が飼育。森林のエキス（木酢酸炭素未吸着飼料）を添加し、ビタミンEを強化した飼料を給与。低カロリー・低脂肪でビタミンEリッチを特長とした肉質。チャンキー種。出荷日齢は平均52日。

● **蒜山やきそば**　蒜山高原の郷土料理で、B級グルメの一つとして注目されている。鶏肉、野菜類と炒めた焼きそばに、リンゴのピューレの入った甘辛い味噌ベースのタレをかけて食べる。

● **笠岡ラーメン**　親鳥の鶏がらをふんだんに使ったスープ、トッピングにはチャーシューの代わりに煮鶏がのる。しょうゆ味のラーメンで、戦前から親しまれている。現在は魚貝系のだしも使われ、第二世代、第三世代のラーメンが育っているが、トッピングの煮鶏は変わらない。

知っておきたいその他の肉と郷土料理・ジビエ料理

イノシシやシカなどの野生の獣類による農作物への被害が後を絶たず、その被害は年々深刻化している。一方、農作物の被害を防ぐために捕獲したイノシシなどは、自家消費か廃棄処分をしていた。岡山県の備前県民局も、平成23年度から捕獲したイノシシやシカの有効利用に取り組むようになった。その利用としてフランス料理やイタリア料理の店と協力して「備前ジビエ」を創出し、家庭でも気軽に利用できる計画が進められている。イノシシやシカの肉がレストランや家庭で利用できるようにするには、捕獲後に処理した肉は安全で安心して使える状態でなければならない。そこで、管内に食肉処理施設をつくり、冬限定でイタリア料理やフランス料理

の店に安心・安全なイノシシやシカの肉を提供することにし、料理への利用の協力を依頼し、さらに家庭でも使えるレシピを提案してもらうようなシステムを構築している。

　提案されたジビエ料理の例には次のようなものがある。イノシシのメンチカツ、仔イノシシのムニエル、猪肉のキーマカレー、猪肉とキノコの煮込み、猪肉の角煮、シカロースのカツレツ、鹿肉のニンニク醤油ソテー、鹿肉のストロガノフなど。

- **イノシシらーめん**　別名「新見らーめん」ともいう。新見市の地域活性のために考案されたもので、ラーメンのだし汁を、ブタや鶏のガラでなく、イノシシ肉を使っている。

- **湯原ししラーメン**　ラーメンのスープは猪肉を煮込んでとり、チャーシューもイノシシ肉を使ったラーメン。岡山県には、ご当地ラーメンが多い。

- **鹿肉と猪肉の家庭用料理**　安全・安心のジビエ（イノシシ肉やシカ肉）が家庭でも購入できるように、販売店や道の駅などを明らかにしている（岡山県の備前県民局ホームページの「おうちジビエ」）。また、家庭でつくれるジビエ料理として次のような料理を提案している。シシ肉の梅酒煮、猪肉の味噌漬け、猪肉のスタミナ焼き（すりおろしたニンニクを入れたタレに猪肉を漬けこんでおいて焼く）、牡丹鍋（昔からある猟師料理のシシ鍋の味噌仕立て）、シカとじ丼（シカ肉とタマネギを入れた玉子丼）、鹿肉の竜田揚げなど。

地 鶏

▼岡山市の1世帯当たり年間鶏肉・鶏卵購入量

種 類	生鮮肉(g)	鶏肉(g)	やきとり(円)	鶏卵(g)
2000年	43,305	12,761	1,442	32,101
2005年	35,520	11,215	821	29,511
2010年	44,932	15,108	1,293	23,378

　岡山県は、明治時代初期から果物の栽培が盛んになり、今日でも白桃、マスカット・オブ・アレキサンドリアは有名である。畜産では濃厚牛乳を供してくれるジャージー牛の飼育が盛んである。鶏ではブロイラーの飼育が盛んであり、鶏卵の生産も多い。銘柄牛の「千屋牛」は江戸時代末期から飼育を続けている。ジャージー牛の牛乳では「蒜山ジャージー牛乳」が有名である。B級グルメ祭典で入賞した料理に、「蒜山やきそば」（真庭市）、「津山ホルモンうどん」（津山市）がある。いずれも豚の内臓が使われていて、鶏肉や鶏の内臓ではない。

　岡山県の地鶏・銘柄鶏には、おかやま地どり（生産者：おかやま地どり振興会）、桃太郎地どり（生産者：岡山ブロイラー）、吉備高原どり（同）、岡山県産森林どり（生産者：丸紅畜産）がある。おかやま地どりは、地鶏の規格に対応した鶏であるが、桃太郎地どり、吉備高原どりは特別に調製された飼料で飼育しているブロイラーである。

　笠岡ラーメンは岡山県笠岡市のご当地ラーメンで、「鶏そば」「鶏ラーメン」の別名がある。卵では「たまの温玉めし」「美咲卵かけご飯」がある。「たまの温玉めし」は、玉野市が地域の町興しにB級グルメとしてつくりだしたもので、焼きアナゴを混ぜ込んだ焼きめしに卵をかけたものである、「美咲卵かけご飯」の美咲町には卵かけご飯の専門店があるほど、卵かけご飯で町興しを企画している町である。老鶏の肉を「かしわ肉」として利用している。

　2000年、2005年、2010年の岡山市1世帯当たりの生鮮肉、鶏肉の購入量は、2005年に一度減少しているが、2010年の購入量は増加している。

岡山市の生鮮肉の1世帯当たりの購入量は、近県の広島市よりやや少ないが、山口市よりは多い。鶏卵の購入量は、2000年より2005年が少なく、2005年より2010年が少ない。山口市の購入量よりもやや多いが、広島市よりは少ない。やきとりの購入金額は2005年に821円と少なくなっているが、2010年には1,293円となっている。各年代ともやきとりの購入金額はそれほど多くないと推測できる。

知っておきたい鶏肉、卵を使った料理

- **笠岡鶏そば**　親鶏のガラで取った醤油ベースのスープに、ストレート麺、その上に醤油で茹でた鶏もも肉のチャーシューが載る、鶏だけで作ったラーメン。昔から養鶏が盛んで、親鶏のガラが安く大量に手に入ったので生まれたといわれている。
- **たまの温玉めし**　蒲焼にした玉野特産の穴子でチャーハンをつくり、温泉卵をトッピングしたご当地グルメ。
- **面鳥鍋**　後楽園内にある料亭 " 荒手茶寮 " で提供される七面鳥の鍋。骨付きのぶつ切りにした七面鳥と大根、白菜、椎茸、ゆり根を、秘伝のスープで煮る。大根おろしを入れたたれでいただく。建物は岡山藩家老伊木家の屋敷を利用し全室個室。後楽園は江戸時代、藩主の池田氏が作った庭園で日本三名園の一つ。

卵を使った菓子

- **つるの玉子**　明治中期から作られる銘菓。後楽園に住む、不老長寿の象徴の鶴、このおめでたい鶴にあやかって作られた。黄身餡を卵白や砂糖、ゼラチンで造ったマシュマロで包む。" マシュマロ " の名は、もともとの原材料だった植物の " ウスベニタチアオイ（marsh-mallow）" に由来する。

地　鶏

- **おかやま地どり**　体重：平均3,100g。県の養鶏試験場が、白色プリマスロックの雄に、ロードアイランドレッドと横斑プリマスロックを交配した雌を掛け合わせて作出。肉質は赤みを帯びて厚みがあり適度に脂肪を含んでいる。ねばりのある適度な歯ごたえと独特のコクと風味がある。

Ⅱ　食の文化編　　83

どんな料理でも鶏肉本来の味が楽しめる。「おかやま地どり飼育マニュアル」に基づいて県内の農家が丁寧に育てる。吉備中央町産は「特定JAS認定」を取得。平飼いで飼育期間は95日。おかやま地どり振興会が管理している。

銘柄鶏

● **岡山県産森林どり**　体重：平均3,000g。森林エキスの木酢酸を添加し、ビタミンEを強化した専用飼料を与えて育てた、低カロリーで低脂肪、ビタミンEを豊富に含んだヘルシーな若どり。飼養期間は平均52日間。鶏種はチャンキー。丸紅畜産が生産する。

たまご

● **スリムe**　現代の食生活で不足しがちなビタミンDとビタミンEを強化した卵。ビタミンDは普通の卵の約3倍、ビタミンEは約11倍。安全で新鮮な卵を効率的に提供するために最新の設備を完備。卵に最初に手を触れるのは購入者だ。坂本産業が生産する。

● **星の里たまご**　星が美しい井原市美星町で生産した卵。独自に開発した醗酵飼料に美星農場で栽培した野菜を混ぜて鶏に給与する。また、地下130mから汲み上げるアルカリ天然水を与えている。阪本鶏卵が生産する。

県鳥

キジ、雉（キジ科）　英名 Japanese (Green) Pheasant. 留鳥。オスは、胸の緑色、赤い顔が美しい。首に白い輪があるのは、高麗雉。漢字の雉のつくりは、"とり"の意味で、矢のように飛ぶ鳥からきている。命名は、"ききん"とも"けけん"とも聞こえる鳴き声に由来する。生息域は、平地や山地の農業地、林の藪地、河川敷、草地などで、雌は母性愛が強く、山野の野焼きなど巣に野火がきても巣を離れずに卵を抱き続けるといわれている。日本の国鳥でもある。平成6年に10種類の候補から県民の投票で選ばれた。岩手県の県鳥もキジ。

汁　物

汁物と地域の食文化

　岡山県は山陰と境を接する中国山地、中部は吉備高原、南部は瀬戸内海をのぞむ平野丘陵地である。中国山脈と吉備高原の間には盆地がある。地形的には多様な地域と思うが、高級果実類の栽培が盛んであり、かつてはコメの栽培が難しいため吉備団子を生み出した。「ばらずし」は別名「岡山祭りずし」といわれている。その理由は、藩主・池田光政が、藩の財政を立て直すために倹約を命令した。食事は「一汁一菜」とし、祭礼や神輿や囃子を廃止した。当初は、残り物の魚や野菜を混ぜた飯を用意したが、徐々に数々の食材を使うようになって贅沢なものになり、現在も贅沢な散らしずしとなっている。

　岡山県には先代から伝わる「すいとん汁」「げたのくずしだんごのお汁」など質素なだんご汁が残っているところから、もともと質素な生活を好む人々であったように察する。

　温暖な気候をいかした果樹栽培が明治時代以降に盛んになった。毎年、新しい品種の果実が流通し、消費者が新しい品種の果実に馴染むのが苦労する。農作物は果実に恵まれ、水産物では瀬戸内海の魚介類に恵まれている。とくに、魚介類は、郷土料理の発達に寄与しているところは大きい。

汁物の種類と特色

　このような背景により継承されている郷土料理には、一手間も二手間もかけたものが多い。汁物には、岡山の高梁川のシジミの「しじみ汁」、シタビラメのすり身団子を入れた醤油仕立ての「げた（シタビラメ）のくずし団子のお汁」、白大豆の粉の団子の入った味噌仕立ての「うちご」「呉汁」、醤油仕立ての「けんちゃん汁」「ぶんず汁粉」「あさり汁」「地野菜汁」、味噌仕立てのサケの「三平汁」、だし汁と牛乳を入れた「蒜山鍋」などがある。

凡例　1世帯当たりの食塩・醤油・味噌購入量の出所は、総理府発行の2012年度「家計調査」とその20年前の1992年度の「家計調査」による

食塩・醤油・味噌の特徴

❶食塩の特徴

　かつては瀬戸内海に面した海浜では、塩田づくりが行われた。瀬戸内海の海水が汚染され、海浜も汚染されたため、塩田への海水の汲み取りができなくなり、塩田は消え、タイやクルマエビの養殖場となった。「瀬戸のほんじお」は、製塩に適した水質の瀬戸内海の海水を汲み取り、イオン膜法と立釜で製塩している。

❷醤油・味噌の特徴

　岡山県は醤油や味噌を醸造するために必要な麹の生育に適切な環境であるが、醤油や味噌の醸造会社が他県に比べると少ない。「甘口に味付けした濃口醤油」と珍しい醤油もある。

1992年度・2012年度の食塩・醤油・味噌の購入量

▼岡山市の1世帯当たり食塩・醤油・味噌購入量（1992年度・2012年度）

年度	食塩（g）	醤油（mℓ）	味噌（g）
1992	2,442	10,723	6,174
2012	2,259	5,804	3,999

▼上記の1992年度購入量に対する 2012年度購入量の割合（%）

食塩	醤油	味噌
92.5	54.1	64.8

　1992年度の岡山市の1世帯当たりの食塩購入量は、中国地方の県庁所在地と大差がないが、2012年度の購入量は、1992年度のそれより減少しているものの、他の都道府県庁所在地に比べて多い。生活習慣病予防のための食塩摂取量の減少など、岡山県や岡山市の健康増進の担当部署や生活改善グループなどの食事改善運動により食塩の摂取量は少なくなっていると思われるが、2012年度の食塩の購入量は1992年度の購入量に対して約90％となっている。散らしずしや押しずし、サバの押しずし、サワラずし、ママカリずし、野菜の漬物などを家庭で作る機会が多いのかもしれない。

地域の主な食材と汁物

　岡山県は、江戸時代から藩主の力で新田を開発するなど農作物の栽培に

86

は積極的で、コメ、小豆、大豆の生産高は、現在でも上位にある。温暖の気候は果実の栽培に適し、優れた果物を生産している。瀬戸内海に流入する河川は、魚介類の生育に必要な豊富な栄養分を瀬戸内海に供給しているので、備讃瀬戸・播磨灘・備後灘は好漁場となっている。

岡山県には地形の上からは、北部には山陰と境を接する中国山脈、中部には吉備高原、南部には瀬戸内海を望む平野丘陵地帯がある。それぞれの区域は、風土の相違から栽培植物や野草の種類、利用の仕方に違いがあり、郷土料理にもその違いがみられる。全県的には、獣肉や鶏肉を食べる目立った習慣は、第二次世界大戦の終戦まではなく、昭和20年代になって肉食が一般的となった県域といわれている。それまでは、岡山名物の種の並びが華やかな「岡山ばらずし」や「祭りずし」の影響が強く、動物性食品は、海の幸に依存していたのかと想像している。

主な食材

❶伝統野菜・地野菜
千両ナス、衣川ナス、鶴海ナス、アスパラガス、蒜山ダイコン、ハクサイ、土居分小菜（カブに似ている）、おたふく春菊、備前黒皮カボチャ、黄ニラ、万善カブ、桃太郎（トマト）、黒大豆（丹波黒）、マッシュルーム、間倉ゴボウ

❷主な水揚げ魚介類
マダコ、貝類、カレイ、サワラ、イカ、エビ類、児島湾のウナギ（青ウナギの呼び名がある）、養殖物（カキ、ノリ）

❸食肉類
乳牛のジャージー牛

主な汁物と材料（具材）

汁 物	野菜類	粉物、豆類	魚介類、その他
シジミ汁			シジミ（高梁川）、味噌汁
ぜんざい		小豆、ワラビ餅添え、	調味（砂糖）

Ⅱ　食の文化編

げたのずだんご のお汁（げた＝ ウシノシタ＝シ タビラメ）	ダイコン、ニンジン、 ネギ		ウシノシタ、調味（塩 ／醤油）
うちご	野菜	大豆	味噌
呉汁	ネギ	大豆→呉	いり干し（だし）、 味噌仕立て
けんちゃん汁	ダイコン、タイ菜、 サトイモ、ゴボウ、 ネギ	豆腐	油脂、調味（白味噌 ／醤油）
ぶんず汁粉		コメ粉の団子	澄まし汁
地野菜汁	地野菜		藻くず汁
三平汁	ジャガイモ、ダイコ ン、フキ、ゼンマイ		塩蔵魚（サケ）、昆 布

郷土料理としての主な汁物

- **げたのくずしだんごの汁**　ゲタとは一般には舌平目といっている魚で、 ウシノシタのことである。牛窓地区では、小形で煮つけやムニエルに向 かないウシノシタを1尾まるごと擦り潰す。すり身の団子の澄まし汁で ある。季節の野菜も利用できる郷土料理である。

- **うちご**　笠岡市では、雨の日で惣菜に困ったときに作る郷土料理。水を 含ませた白大豆を礦き臼でひいて粉にしてから団子にして味噌汁に落と した汁物。麦飯のおかずにすると腹もちがよい。

- **呉汁**　真庭郡の地域のどの家庭でも、秋から冬の日常食として大鍋に呉 汁を用意する郷土料理。調味はイリコだし汁と味噌で、呉汁は各家庭で、 大豆を石臼でひいて作る。

- **けんちゃん汁**　真庭郡の地域では、12月8日の「八日待ち」という行事 には豆腐、野菜、いりこなどを一緒に煮込み、醤油と砂糖、または味噌 で調味して「けんちゃん汁」を作る。基本的な作り方は「けんちん汁」 と同じである。

- **シジミ汁**　高梁川河口で獲れるシジミ（ヤマトシジミ）は、宍道湖のシ ジミ同様に美味しいことで知られている。最近、高梁川で獲れるシジミ の種類は、タイワンシジミ、オキシジミなど、ヤマトシジミ以外のもの

も棲息しているようである。代表的なシジミ汁は、味噌汁である。

【コラム】岡山名産ママカリは美味しい魚か

岡山の名物料理の「ママカリ酢漬け」は、正式名は「サッパ（ニシン科）の酢漬け」である。隣の家へ行ってご飯を借りてきてまで食べたくなるほどご飯と一緒に食べると美味しいので「ママカリ」の名がついた。昔のことは分からないが、最近はサッパを食べないようである。小骨が多いので、刺身にするにも、三枚におろすにもやっかいな魚なので、練り製品の材料にも使わないらしい。一部の練り製品に利用しているサッパの擦り身はタイからの輸入品のようである。国内産のサッパも骨が多いのでほとんど利用していないのである。食品成分表にも掲載されていないから、利用度の高い魚ではないようである。昔は本当に食べたのか疑いたくなる。

II　食の文化編

伝統調味料

地域の特性

▼岡山市の1世帯当たりの調味料の購入量の変化

年　度	食塩 (g)	醤油 (ml)	味噌 (g)	酢 (ml)
1988	3,944	18,119	7,751	3,978
2000	2,188	9,424	6,109	2,973
2010	2,098	5,389	4,783	1,828

　岡山県は古墳時代には、吉備の国として栄えたところである。岡山から倉敷に向かう吉備路には国宝の吉備津神社や古墳群が残る歴史的に重要な地域である。『日本書紀』によれば、神武天皇が大和征服の時にこの地に住んで勢力を蓄えたとも伝えられている。

　瀬戸内海で漁獲される魚介類に恵まれ、また農作物ではいろいろな果物に恵まれている。果物の栽培は、関西の大都市に近いことを活かして早くから盛んに行われた。駅弁の「祭りずし」は「ばらずし」「岡山ずし」ともいわれていた郷土料理を、岡山名物にして手ごろな値段で販売している。都内での駅弁大会では人気の駅弁の一つである。

　「岡山散しずし」の名があるように、岡山の季節ごとの海の幸、山の幸を組み合わせた散しずしである。もともとは、江戸時代前期に岡山藩主・池田光政が、藩の財政を立て直すために「倹約令」を実施したときに考案された食べ物である。すなわちいろいろな料理をつくるのではなく、一つの器で食べられる料理として工夫されたものである。岡山市の調味料の1世帯当たりの購入量からは、祭りずしがどれほど普及しているかは判断できないが、1世帯当たりの食塩の購入量が他県に比べてやや多いことから、郷土料理にタイの浜焼き、祭りや冠婚葬祭には欠かせない「ままかりの酢の物」などが関係しているかとも推測される。

　ママカリはサッパともいうイワシ科の体長10～15cmの小魚である。初

夏のイカナゴ漁が終わると、10月頃に群れをなして沿岸に近づいてくる。明治時代の文人・成島柳北が「漁師が釣り上げたイワシのような魚を漁船の上で食べたところ、あまりにも美味しくて食べつくし、隣の船から飯を借りてまで食べるほど美味しいので、「ママカリ」の名がある」と書いたことは有名である。イワシよりも淡白な味でうま味があり、すしタネ、酢のもの、ショウガ醤油などで食べる。散しずし、ママカリなどの生食には醤油は欠かせない調味料である。

　岡山県の真庭地区の「年取そば」はそば粉100％で作る手打ちそばである。捏ねて伸ばした麺帯は、屏風だたみにして麺切りをする。麺は熱湯で茹でる。これを食べるめんつゆは煮干しでだしをとり、隠し味に砂糖を入れ、醤油仕立てである。風味をだすのにミカンの生皮のみじん切りを入れる。農家の手作りの工夫がにじみ出ているそばつゆと思われる。岡山県の久米地区の「そば切り」という手打ちそばを食べるにも、かけるそば汁（けんちゃん汁）にもみかんの生皮を入れるようである。

　岡山県の牛窓地区では、ぜんざいをよくつくる。「にゅうめん」という温かいうどんやそうめんも甘いあん汁をかける。調味料には醤油も塩も使わず、砂糖で甘くした小豆の餡をかけて食べる。麺を食べるなら醤油やだし汁であろうというイメージの全くない麺の食べ方である。

　「蒜山鍋」はだし汁に牛乳と味噌を入れた鍋物で、味噌の味が牛乳によりなめらかになり、牛乳の栄養分も摂取できるというところが、味噌や醤油仕立ての鍋に比べて栄養的にも興味を引く。B級グルメでは「蒜山焼き」という鶏肉や野菜を入れた味噌ダレの焼きそばが人気となっている。

知っておきたい郷土の調味料

　岡山県の南部には、吉井川・旭川・高梁川流域に平野が広がり天然水には恵まれ、気候も温暖で、酒米の産地として有名であり、また数々の果物の産地としても知られている。

醤油・味噌

- **醤油・味噌の関係会社**　岡山県の気候は温暖で、コメや果物の産地として適しているので醤油・味噌の醸造に必要な麹の働く環境としては適していると思われるが、醤油・味噌の醸造会社は他県に比べると少ない。

とくに、味噌醸造としては総社市のまるみ麹本店、倉敷市の塩屋商店がある。醤油については、新見市のカツマル醤油醸造㈱や白龍醤油㈱、岡山市の笹埜醤油醸造元、羽原醤油㈱などが主だった会社である。羽原醤油は「原醤（ハラショー）」のブランドの醤油や「甘口に味付けした濃口」を製造・販売している。

食塩

● **岡山の製塩の歴史**　瀬戸内海に面し、降水量が少ない地域なので、塩づくりには適していた。岡山での製塩は、瀬戸内海で最古の製塩土器が出土していることから弥生時代中期頃から行われていたと推測されている。1800年代には、塩田王といわれた「野崎武左衛門」により、大規模な塩田事業が行われたといわれている。

　　約100年前に、旧大蔵省が建設した味野専売公社出張所が老朽化したまま残っているが、かつての塩づくりの役所であった。

● **瀬戸のほんじお**　瀬戸内海・備前国・岡山の海水を製塩。食塩100g中ナトリウム35g、カリウム880mg、マグネシウム300mg、カルシウム160mg。イオン膜法と立釜で製塩（岡山県玉野市胸上、日本家庭用塩㈱）。

ソース・ドレッシング

● **フルーツを使ったソースやドレッシング**　岡山県は果物の豊富な地域であるので、果物を使ったソースやドレッシングが開発されている。果物としては、白桃、ピオーネ、ブドウ、ブルーベリーなどが使われている。果物を使ったドレッシングやソースは小さな工房やレストランなどで作り、販売している。大きな食品会社が手がけないので手作りのものが多い。

だし

● **白桃白だし**　岡山の特産品である白桃を使った風味ある白だし。白桃果汁に羅臼昆布のだし汁、カツオ節のだし汁、干しシイタケのだし汁、淡口醤油、みりんを合わせたものである。爽やかな白桃の甘みがあり、フルーティな香りもある。使用時は10〜15倍に希釈するので、塩辛味の中に白桃のやさしい甘みがある。白だしなので、白さを求める「とろろ

汁」には「白醤油」の代わりに使われる。

郷土料理と調味料

- **イカナゴの酢のもの**　瀬戸内海の岡山から香川沖では、春になるとイカ
ナゴの稚魚がとれる。これを塩茹でし、酢醤油や酢味噌和えで食べる。
佃煮や煮干しにも加工する。
- **ばらずし**　岡山の祭りずしともいい、江戸時代の備前岡山藩の藩主・池
田光政（1609〜82）が、藩の財政を立て直すために倹約令を実施した
このときに春秋の祭りの神輿を廃止し、客への饗応は一汁一菜にするこ
とを命じた。この時に、庶民が考えたのが魚や野菜を混ぜた祭り用のす
しである。この時の散しずしが、ばらずし、祭りずしとなって残ってい
る。

Ⅱ　食の文化編　93

発 酵

備前焼 大甕

◆地域の特色

 県北部には、中国山地の山岳地帯がそびえ、標高500〜1000mの中央部には鍾乳洞などのカルスト地形がみられる吉備高原の高地が連続的に広がる。県中北部には、中国地方最大の盆地の津山盆地のほか、美作、勝山、新見の盆地列が並び、南部には吉井川、旭川、高梁川の三大河川の堆積作用によってできた岡山平野が広がっている。

 南部の平野地帯は典型的な瀬戸内海式気候を示す。一方、北部の中国山地沿いは日本海側気候に属し、豪雪地帯に指定されている。真庭市蒜山では冬季に1mを超える積雪となるほか、−10℃以下まで下がることもある。

 三つの一級河川による潤沢な水源、温暖で長い日照時間などを背景として、水稲や麦、果樹の生産が盛んである。特に白桃、マスカット、ピオーネなどは生産量日本一である。また、蒜山高原では、ジャージー牛の大規模な放牧が行われており、チーズやヨーグルトやアイスクリームなどに加工されている。海苔や牡蠣の養殖が盛んに行われており、牡蠣の生産量は全国2位である。

◆発酵の歴史と文化

 備前焼(びぜんやき)は、備前市周辺を産地とする半磁器で、陶器と磁器の中間的な性質をもつ焼き物であり、日本六古窯の一つに数えられる。堅牢で耐水性があることから、大きな甕(かめ)は液体を入れる容器として古くから使われ、酒造りとも深い関連がある。

 大阪にある天野山金剛寺(河内長野市)は、室町時代中期から戦国時代に高い評価を受けた僧坊酒(そうぼうしゅ)の天野酒の仕込みが行われていたことで有名である。寺には、天野酒の仕込みに使われたとされる備前焼の3石（540ℓ）入りの古い大甕が廊下に置かれている。

 また、大坂冬ノ陣（1614（慶長19）年）や夏ノ陣（1615（元和元）年）の火

災によって焼け落ちた遺構として見つかる安土桃山時代の埋甕遺構（大阪市）では、備前焼の大甕が多数見つかっている。これらの用途は酒や油など販売用の商品の貯蔵容器ではないかと考えられている。これらのことから、室町時代後期から戦国時代にかけて西日本各地に岡山で焼かれた備前焼が瀬戸内の海運を利用して広く流通し、酒造りや酒の貯蔵に使われていたことがわかる。16世紀頃までは、このように大甕による酒造りが普通だったが、その後、木桶によりさらに大容量の仕込みが可能になると甕による日本酒の仕込みは減っていき、大量生産に向いた木桶の使用にとって代わられた。1868（慶応4）年創業の利守酒造（赤磐市）では、容量500ℓの備前焼の大甕を用いた酒造りを復活させ、純米大吟醸酒が造られている。

◆主な発酵食品

醤油　温暖な気候と豊富な日照時間、母なる三大河川により、醤油の原料の良質な大豆と小麦、塩、そして水に恵まれ、古くから醤油文化が育まれてきた。県内各地に個性豊かな醤油蔵があり、その土地の風土や食材に合わせた味が守り続けられている。鷹取醤油（備前市）、キミセ醤油（岡山市）、とら醤油（倉敷市）、カツマル醤油醸造（新見市）、笹埜醤油醸造（岡山市）、日乃出醤油（岡山市）など約30の蔵がある。

味噌　古くから米どころとして知られている岡山では、昔から良質な米を用いたまろやかでほどよい甘さの米味噌が造られてきた。「テンペ味噌」を造っている吉田本店（岡山市）のほか、まるみ麹本店（総社市）、河野酢味噌製造工場（真庭市）、馬場商店（備前市）、名刀味噌本舗（瀬戸内市）、くらしき塩屋（倉敷市）などで造られている。

日本酒　岡山県は「備前」「備中」「美作」の三国からなっていた。奈良時代に書かれた「播磨風土記」に、三備（吉備：後の備前、備中、備後）の国が古代における米酒の発祥地であり、また、美作とは「うまさか」の訛りからきたもので、「うまい酒のできる国」という意味であるとの記述があるように、古くから美酒を醸した地域といわれる。

　温暖な気候と恵まれた風土を背景に、古くから北部の中国山地から吉備高原そして肥沃な南部の平野で優良な米が収穫される。岡山県を酒米産地としての名声を不動にしたものに代表的な酒造好適米である「雄町」の存在がある。豊かな水量と良好な水質に恵まれた三大河川があり、その伏流

水系は酒造用水として使用されている。

1688（元禄元）年創業の室町酒造（赤磐市）、1804（文化元）年創業の辻本店（真庭市）のほか、白菊酒造（高梁市）、宮下酒造（岡山市）、利守酒造（赤磐市）、菊池酒造（倉敷市）、熊屋酒造（倉敷市）、平喜酒造（浅口市）、渡辺酒造本店（倉敷市）など40を超える蔵がある。

焼酎　45〜55℃と低温で蒸留する減圧蒸留による淡麗でソフトな味わいの米焼酎が三光正宗（新見市）や室町酒造（赤磐市）で造られ、地元特産の白いサツマイモ「きびみどり」を使った芋焼酎がヨイキゲン（総社市）、地元特産の黒大豆「作州黒」を原料にした焼酎が多胡本家酒造場（津山市）で造られている。

ワイン　西日本最大級の規模を誇るサッポロワイン岡山ワイナリー（赤磐市）、日本固有の種「ヤマブドウ」にこだわるひるぜんワイン（真庭市）、地元のブドウを活かした特産ワインを造る是里ワイン醸造場（赤磐市）などがある。

ビール　キリンビール岡山工場（岡山市）のほか、クラフトビールとして岡山の果物を使ったフルーツビールの吉備土手下麦酒醸造所（岡山市）、宮下酒造（岡山市）などがある。

蜂蜜酒（ミード）　蜂蜜を2〜3倍ほどの水で薄め、アルコール発酵させて造られる東欧やロシアで飲まれるお酒である。山田養蜂場（苫田郡）の蜂蜜を使用して、養命酒製造（長野県駒ヶ根市）で造られている。

クラフトジン　焼酎をベースにジュニパーベリー、コリアンダーなどの香味植物を配合して、ポット・スチルで蒸留したものである。クラフトジン岡山が宮下酒造（玉野市）で造られている。

テンペ　インドネシア発祥の、茹でた大豆をテンペ菌（リゾプス属のカビ）で発酵させた食品である。納豆と違い強いにおいやクセがない。吉田本店（岡山市）などで作られている。

ジャージー乳製品　鳥取県との県境に位置する蒜山高原の新鮮なジャージー生乳をそのまま殺菌、発酵させたヨーグルトのほか、カマンベール、ゴーダなどのナチュラルチーズがある。

甘酒　地元赤磐産の米と清水白桃の完熟果汁を使った甘酒が笹埜商店（岡山市）で造られている。

ママカリの酢漬け　瀬戸内海で獲れる体長10〜15cmほどのニシン科の魚であるママカリを酢漬けにしたものである。あまりにもおいしく、まま（飯）が足りなくなり、隣の家からまま（飯）をかり（借り）たことが語源といわれる。近年ではイワシのアンチョビのようにママカリを塩漬けにして発酵させた「ままチョビ」も作られている。

えびの糀漬け　笠岡沖で獲れたアカエビに塩と麹を混ぜ10日ほど発酵熟成させたものである。

◆発酵食品を使った郷土料理など

あずまずし　瀬戸内地域の郷土料理の一つで、おからと小魚を使ったすしの一種である。広島県の山間部にもほぼ同様のすしがあるが、卯の花ずしと呼ばれる。

鮒飯（ふなめし）　主に冬季に食べられる岡山県の郷土料理である。ギンブナを三枚に下ろし、中骨を取り除き、包丁で叩いてミンチ状にし、醤油、みりん、砂糖、だし汁などで炒め煮したものを、ご飯にかけて食べる。

さばずし　県北部の郷土料理で、新見藩の殿様の参勤交代などのときの弁当だったと伝わる。首切り、切腹を嫌う武士の時代だったので、背開きにした丸ごと1匹の「鯖の姿寿司」になったといわれる。

ゆべし　ユズを丸ごと使い一つ一つに、味噌、砂糖、ユズ果汁などの中身を詰め、蒸籠で蒸し上げた後、形を整え、寒の風に晒して作られた「丸ゆべし」のほか、さまざまな形のゆべしが高梁市や矢掛町で販売されている。

◆特色のある発酵文化

お歯黒　古代から伝わる風習であり、明治時代末期まで既婚女性は歯を黒く染めていた。艶のある漆黒に塗り込めたものが美しいとされ、女性の化粧に欠かせないものであった。江戸時代、備前市香登では全国の80%を生産していたとされる。化粧用のほか、黒豆を炊くときやナスを漬けるときにも使われた。

　お歯黒の材料は、五倍子粉（ふしのこ）と、お歯黒水（かねみずともいう）で、この二つを混ぜると、化学作用で黒い色のお歯黒ができる。五倍子粉とは、ヌルデの若芽や若葉にアブラムシが寄生してできた「虫こぶ」を乾燥させ粉

Ⅱ　食の文化編　　97

にしたもので、主成分はタンニンである。お歯黒水は、米のとぎ汁、お茶や酢、酒などを混ぜたものに、さびた古釘などの鉄を加え密封して冷暗所におくと発酵し、2、3カ月するとできる茶色の液体で、主成分は酢酸第一鉄である。このお歯黒水は大変臭い。

　日東酵素（備前市）は、1947（昭和22）年を最後に、お歯黒の生産を中止していたが、平成になり黒豆の調理に使うお歯黒として、再び生産を開始した。特に冬季にはおせちの黒豆煮用に、多く使用されている。

◆発酵にかかわる神社仏閣・祭り

船川八幡宮（新見市）　土下座まつり　　毎年10月に繰り広げられる土下座まつり（御神幸武器行列）では、どぶろくが振る舞われる。当八幡宮のどぶろく造りは400年以上の歴史があるといわれ、全国でも珍しい、税務署からお神酒の醸造許可を受けた神社である。

國神社（総社市）　甘酒祭り　　春祭り（旧暦1月6日）は甘酒祭りとも呼ばれ、豊作を祈り、豊凶を占う。神田で収穫された赤米で神酒、甘酒を造り、赤米の飯とともに参拝者にも振る舞われる。

神前神社（岡山市）　甘酒祭　　10月の第1週から第3週までの例祭の中で、第2週に行われるのが甘酒祭と呼ばれる。第1週に建てた小さな小屋に、第2週に麹やお酒とともに甘酒が奉納される。

◆発酵関連の博物館・美術館

野﨑家塩業歴史館（倉敷市）　　江戸時代後期に大規模な塩田を開き、「塩田王国」を築いた野﨑武左衛門が建てた民家（国指定重要文化財）が公開されている。その土蔵の中では、塩作りに関する歴史的な資料や江戸時代からの民具などが展示されている。

◆発酵関連の研究をしている大学・研究所

岡山大学農学部農芸化学コース　　さまざまな微生物由来の有用酵素や機能性成分の研究が盛んである。

岡山理科大学ワイン発酵科学センター　工学部バイオ・応用化学科などの学生を対象に、ワイン醸造技術の開発・研究およびワイン醸造にかかわる研究教育がなされている。

吉備国際大学農学部醸造学科　発酵、醸造などの伝統技術と食品開発に関する研究教育がなされている。

コラム　麹造りとお歯黒

　日本酒の造りでは、「一麹、二酒母、三醪」といわれるように、麹造りが一番大切な工程である。麹室に引き込まれた蒸米は、種麹を接種されてから約44時間で菌糸が増殖し麹ができ上がる。この間、杜氏は、蒸米の香りの変化により、麹菌が適切に育っているかを確認しながら作業を行う。前半の24時間は、蒸米のにおいだけで特徴のある香りはないが、32時間ほど経つと、「お歯黒臭」と呼ばれる独特のにおいが感じられるようになる。このにおいは、はき終えた靴下のような嫌なにおいである。このにおいが出ると、仲仕事と呼ばれる撹拌作業をする。その後、7時間くらい経つと、「お歯黒臭」は消えて栗のようないい香りの「栗香」が出てくる。この「栗香」を確認すると杜氏は安心する。いい麹ができたしるしだからである。

　今でも、麹造りの現場では、この「お歯黒臭」と呼ばれる言葉が麹造りの管理で使われている。しかし、お歯黒をする人がいなくなった現在では、実際に、お歯黒のにおいを嗅いだことがある人はほとんどいないと思われる。

Ⅱ　食の文化編　　99

和菓子／郷土菓子

松乃露

地域の特性

中国地方の南東部に位置し、西に広島県、東に兵庫県、北は鳥取県に接している。南は古来より水運の発達した瀬戸内海に臨み、中、四国の交通の要衝で古代には「吉備国」と称されていた。

7世紀以前の吉備国は、中国山地の砂鉄、平野部の稲、沿岸部の製塩と、吉備国は瀬戸内に君臨する一大勢力をもっていた。そのため大和朝廷は吉備津彦命を派遣して制圧し、吉備国は大和政権下に組み込まれる。その後吉備国は備前、備中、備後、美作の4カ国に分断されるが、まさにこの吉備津彦命が岡山における「桃太郎伝説」のモデルだったのである。

桃太郎伝説に欠かせない名産の白桃。明治生まれながら瀬戸内海型気候で温暖、日照時間の長い「晴の国おかやま」に相応しい果物で、吉備団子とともに桃太郎の国を彩っている。

地域の歴史・文化とお菓子

岡山ゆかりの人物と菓子「吉備団子」「藤戸饅頭」「柚餅子」

①桃太郎と吉備津彦

岡山といえば「桃太郎」が有名である。だが、岡山の桃太郎は話がちょっと違っている。吉備地方の伝説に「吉備津彦の温羅退治」というのがあり、桃太郎はこの吉備津彦命という神様で、温羅という鬼の大将を退治する物語である。これが「桃太郎伝説」の原型とされ、岡山では桃太郎より、ヒーローとしては「吉備津彦」のほうが知られていたのである。

その吉備津彦は、現在も吉備国の総鎮守・吉備津神社（岡山市北区吉備津）の主祭神として祀られ、朱塗りの本殿は「比翼入母屋造」、別名吉備津造りといわれる素晴らしい建物で国宝である。

②「吉備津彦」と「温羅」

　この吉備津彦の話は少々複雑で、古代大和朝廷が全国制覇の際、中国地方に派遣されて来た神様が吉備津彦命だったのである。当時この地方には大きな勢力をもった「温羅一族」がいて、温羅一族は、一説によると朝鮮半島の百済からの渡来人とされ、高度な鉄の文化をもっていたため、大和朝廷には邪魔な存在だった。それで戦を仕掛け、温羅は鬼とされ吉備津彦に制圧されたである。

③温羅一族の居城

　総社市にある標高403mの鬼城山には、温羅が築いたという3kmにわたって石垣や土塁を巡らした朝鮮式山城・鬼ノ城がある。近年この遺跡の発掘調査で、鉄を作ったとされる精錬所跡が見つかっていた。

　楯築遺跡（倉敷市）は、温羅の矢を吉備津彦が避けるために使ったとされ、平らな大きな自然石が並んでいる。総社市から倉敷市、岡山市にかけては温羅と吉備津彦の戦の伝承地が点々とあり、ついに首を討ち取られた温羅は、13年間も唸り声を上げていた。そのため吉備津神社のお釜殿の下に葬られ、温羅の妻・阿曽女がお釜殿の巫女として仕え、温羅の霊を鎮めたという。神社には"鳴る釜の神事"というのがあって、不思議な釜の話が上田秋成の『雨月物語』（1776〈安永5〉年刊）に紹介されている。

④桃太郎と吉備津彦のお供

　桃太郎には犬、猿、雉のお供がいる。実は吉備津彦にも犬と鳥がいて、部下に飼育を命じたためこの地方には「犬飼」「鳥飼」の姓が多いそうだ。実際に犬飼部犬飼健命、猿飼部楽々森彦命、鳥飼部留玉臣の3人の家臣がいたそうだ。中でも犬飼部犬飼健命の子孫は1932（昭和7）年に起きた5・15事件で暗殺された犬養毅首相であった。吉備津神社には粘土で作られた素朴な犬と鳥の小さな縁起物が伝わっている。

⑤岡山の『日本一吉備団子』の誕生

　「桃太郎伝説」は室町時代に広まったが、岡山とは直接繋がりはなかった。しかし岡山地方は黍の産地で、「きびだんご」は吉備津神社の祭礼に供えられ、江戸時代前期には境内の茶店で売られていたという。また幕末に現・廣榮堂の先祖が黍と吉備を結んで「吉備だんご」と名付けて売り出したのが起源という説もある。最初は短冊形だったが、維新後に丸形になり、求肥製となった。岡山の吉備団子を有名にしたのは、日清戦争の時に大本営

Ⅱ　食の文化編

の置かれた広島まで山陽線が開通したことであった。出征兵士と対外戦争に「桃太郎と鬼退治」のイメージを重ね、岡山廣榮堂の主人が広島・宇品港（現広島港）に「日本一の吉備団子」の幟を立て兵士を迎え、また岡山駅を通して吉備団子の販路を拡散させ全国的になったという。

⑥「源平藤戸合戦」と佐々木盛綱

藤戸合戦は児島合戦ともよばれ、1182（寿永3）年藤戸海峡（倉敷市）を挟んで源範頼の率いる源氏と平行盛を将とする平氏が対峙した。源氏は本土側から攻め、平家は船で児島の先陣庵につき、源氏は船がないので海峡を渡れないでいた。なんとか馬で海峡を渡れないかと探していた源氏の武将・佐々木盛綱は、海を熟知する若い漁師の話から一条の浅瀬があることを知り、若者に案内をさせ対岸に上陸し、盛綱は先陣の名乗りを上げ、平氏は虚を衝かれ、敗走して屋島に逃れるという、大勝を得た。

その後盛綱は、この戦功により頼朝から児島を領地として賜った。

⑦「笹無山」の伝説

大功を立てた佐々木盛綱ではあったが、浅瀬の情報を秘匿するため、無残にも案内した若者を斬り殺していたのである。若者には老いた母がおり、この事実に半狂乱となり「佐々木と聞けばササまで憎い」といって、裏山のササを悉くむしり取り残酷な仕打ちを呪った。以後、その山にはササが繁ることがなかったという。笹無山は今も倉敷市藤戸町にある。

⑧謡曲「藤戸」

室町時代、この悲惨な物語をもとに世阿弥（1363？～1443？）によって作られたのが謡曲「藤戸」である。内容は領地に赴いた盛綱に、息子を殺された老いた母親が恨みを訴える。殺害を後悔した盛綱は若者の法要を営む。すると、その明け方近く若者の亡霊が現れ、盛綱に祟りを及ぼそうとするが、盛綱の供養に満足し成仏するという物語であった。

⑨「藤戸寺」と「藤戸饅頭」

藤戸寺は奈良時代の創建だが、戦乱で荒廃していた。藤戸合戦の戦功で児島郷を所領地とした佐々木盛綱は、この寺を修復し、口封じのため殺害した若い漁師の霊と、合戦の戦没者を弔うため藤戸寺で大法要を営んだとされる。その際、殺害された若者の供養のため、住人たちが素朴な饅頭を作って供えたのが今日の藤戸饅頭の起源とされる。元禄時代までは寺の境内の茶店で売られていた。後に1860（万延元）年に現在の地に店を構えた。

現在の饅頭は、地元の酒粕から甘酒を作り、小麦を原料に十勝産の小豆の漉し餡を包んだ薄皮饅頭で、創業800有余年の歴史を伝える味である。

⑩岡山の隠れた偉人・山田方谷

JR の駅名でただ1つ、人名の付いた駅がある。それが伯備線の「方谷」駅で、備中の小京都といわれる城下町・高梁駅から3つ鳥取県寄りにある。

山田方谷は、幕末期の儒家で陽明学者。当時この地方を治めていた備中松山藩板倉家（現高梁市）の勘定方責任者で、窮乏して多額の負債のある藩を、才覚によってたちまち財政再建を果たし、藩に多額の備蓄を残した。その彼は、米沢藩（山形県）の困窮した財政を再建した、藩主・上杉鷹山と並び称される偉大な人物だったのである。

⑪山田方谷と柚餅子

方谷が力を入れた1つに産業振興があり、城下の家々に柚子の木を植えることを奨励した。その柚子を使って上質な「柚餅子」を作り、江戸や大坂に販売したのである。高梁市内の「天任堂」は、松山藩主・板倉家6代目勝職（1770～1830）に柚子を使った餅菓子を献上したのが始まりとされる。その後板倉家7代目勝静のとき、方谷による柚餅子づくりが奨励され、松山藩は財政再建の手腕が認められ、幕末、徳川幕府の幕閣の要職についた。だが、明治維新を迎え城は取りつぶしとなり、町はさびれてしまった。この状況を悔しく思った天任堂では、大阪・名古屋・関東・東北と台八車を引いて柚餅子を売り歩いたとされる。

⑫高梁の柚餅子

高梁の地名は明治維新以降だが、歴史のある松山城は日本3大山城の1つである。町は清流高梁川に沿って帯のように長く、晩秋には川霧が立ち込め、町の柚餅子屋さんの店頭には「柚子買います」の貼り紙が出され、柚子の香りにつつまれる優雅な町である。この地の柚餅子は種類も豊富で柚子、もち米粉、水飴、砂糖を用いて製造され、もちもちとした食感である。「包みゆべし」「切ゆべし」「結びゆべし」「丸ゆべし」「味噌ゆべし」「柚練り」と種類も豊富である。

行事とお菓子

①しょうぶ節供の「笹巻き」と「ほおかむり」

岡山県下では端午の節供を「しょうぶ節供」とよんでいる。中国山地で

はもち米、うるち米の粉を7対3の割合で混ぜ、熱湯でよく捏ねた団子を
ササの葉4〜5枚で包み、5個を1組みにして藁で縛って熱湯で茹でる。
これを「笹巻き」とよび神様用で、家族用は「ほおかむり」といってササ
の葉1〜2枚で包む。餡は入れないので黒砂糖で食べる。ササの葉の枚数
が多いほうが空気に触れず味もよく、涼しいところに置けば長期間の保存
ができた。

②ろっかつふえて（6月1日）の「はぜ」

「ろっかつふえて」（瀬戸内沿岸では〈ろっかつしえて〉）は、中国山地
地方の方言で6月1日、農作業の休日という意味で、昔は正月礼最後の日
とされた。「はぜ」は、黒大豆やもち玄米を弱火でゆっくり炒り、玄米は
白く花のように爆ぜたら醤油、白砂糖で味をつける。白大豆ともち玄米で
作る「はぜ」は白砂糖であえる。この「はぜ」は七夕にも作り、重箱一杯
に作って神様に供え、家族のおやつにもする。家によっては正月の餅花を
炒って入れる場合もある。

瀬戸内沿岸地方では、この日には新麦の粉に砂糖を加え水で溶き、フラ
イパンなどに油をひき「流し焼き」を作る。

③八朔（旧8月1日）の「ししこま」

瀬戸内市の旧牛窓地区では、八朔に雛人形を飾る風習があり、女児が誕
生し初めての八朔には「ししこま」を作って雛段に飾る。八朔の前日には、
親類の人たちが集まり「ししこま」を作る。まず、米の粉を練って臼で搗
き、団子生地を作ってヘラやクシを使い鯛や海老、果物の蜜柑やカボチャ
などの野菜類をつくる。仕上げには色粉や金粉で彩色する。

また「ししこま」は、雛段に飾るだけでなく近隣の子どもたちが「しし
こま貸して……」とやって来るので貸し与えるのだが、「いつか貴女の家
に女の子が生まれたら返してもらいましょう」という意味があった。子供
たちは家々を回って「ししこま」を集め、昔は皆で焼いて食べたという。

> ### 知っておきたい郷土のお菓子

● **大手まんぢゅう**（岡山市）　旧岡山藩池田家御用達の伊部屋が作る岡山
　名物。酒種入りの小麦生地で小豆餡を透けるほど薄く包んだ小ぶりの酒
　饅頭。日持ちのする包装を研究し全国的に知られた。地元では進物用に
　は「大手まんぢゅう」、自家用には「藤戸まんぢゅう」と使い分けている。

- **吉備団子**（岡山市）　廣榮堂については前出参照。現在は市内の各店で作られる求肥製の団子。土地に伝わる「吉備津彦と温羅」の物語から、桃太郎伝説と相まって生まれた全国的に知られた岡山の名物菓子。

- **旭川**（岡山市）　市内を流れる旭川にちなむ芭蕉堂の銘菓。もち米の炒りみじん粉と砂糖を合わせ、赤・白・水色と３色に彩られた落雁。他に備中白小豆を使った「紅羊羹」がある。店名は初代店主が芭蕉のファンだったから。

- **調布**（岡山市）　翁軒などが作る岡山銘菓。卵と砂糖が入った小麦粉生地でキメの細かい薄皮を焼き、細長く切った求肥を芯に反物のように巻いてある。古代の「租・庸・調」の調として納めた手織布の「調布」からの菓名。

- **むらすゞめ**（倉敷市）　橘香堂の銘菓。小麦粉の焼皮を中表に粒餡を入れ、半円状に畳んである。江戸時代、倉敷の豊作祈願の盆踊りの群衆が、稲穂に群がる雀のようだといわれたことに因み、踊り子たちの編笠を模した。

- **由加山あんころ**（倉敷市）　市内児島の由加山名物。江戸時代は蓮台寺と由加神社は１つで、讃岐の金比羅参りと由加山の「両参り」で賑わった。あんころは当時からの名物土産で由加神社や蓮台寺、参道の元祖とら屋で食べられる。

- **矢掛の柚べし**（矢掛町）　矢掛は旧山陽道の宿場町で、現在も本陣脇本が残り参勤交代の大名が泊る「大名宿場」であった。名物の「棒ゆべし」は柚子の皮を刻んでもち米粉、上新粉、白味噌、醤油、砂糖などを混ぜ、竹の皮に包んで蒸したもの。徳川13代将軍家定に嫁いだ篤姫が大層好まれたという。

- **初雪**（津山市）　武田待喜堂の名物。餅に少量の砂糖を搗きまぜ、伸して短冊に切った後、筵にはりつけるように並べ、陰干しにしたもの。津山藩主の贈答用として利用され、多くの菓子屋が作った。菓名のとおりかつては初雪の頃各自が火鉢で焼いて食す楽しみがあったが、今は焼いたものが売られている。

- **千本桜**（津山市）　鶴聲庵の銘菓。数千本という津山城址の桜をイメージして創製された。麩焼煎餅で梅肉が入った薄紅色の求肥を巻くように包んである。仕上げにすり蜜が刷毛で塗られている。午前中には売り切

れという人気菓子。

- **松乃露**（津山市）「くらや」の銘菓。求肥にすりおろした柚子の皮を加え、和三盆糖をまぶした、松の緑に映える朝露のような爽やかな柚子菓子。400年前の藩主・森忠政公命名とも伝わる菓子をもとに、1924（大正13）年に創製された。
- **高梁市の柚餅子**　前出参照
- **藤戸まんぢゅう**（岡山市）　前出参照

乾物 / 干物

干し柿

地域特性

　岡山県は中国地方南東部に位置し、中国地方では広島県に次ぐ第 2 位の人口を有する都市である。北は中国山地、南は瀬戸内海に面しており、四国の香川県とは瀬戸大橋で結ばれ、密接な交流を持っている。江戸時代には池田、津山から倉敷天領となり、特に日本三名園は岡山藩主池田綱政築城庭園「後楽園」と呼ばれ、有名である。

　気候的には瀬戸内海式気候で、温暖である。北部は豪雪地帯で日本海式気候に属しているが、「晴れの岡山」といわれるほど比較的晴れの日が多く、降水量も少ない。明治から戦前までは農業が中心であり、児島湾の干拓によって、稲作面積が拡大され、イグサ、綿花、果樹園芸、養蚕、鴨川手延べうどん作りなどが盛んに行われた。近代になっては紡績、製糸工業が成長し、大原氏による倉敷紡績（現クラレ）が発展。大原美術館、美観地区などの展開から観光地としても有名になり、発展している。

知っておきたい乾物 / 干物とその加工品

白小豆　種の皮が白く、高級な白餡和菓子などに使われる。備中白小豆は、生産量は少ないが、京都の和菓子屋に需要がある。

ささげ（ささぎ）　マメ科の一年草であるささげの種子を乾燥したもので、アフリカ原産である。岡山県産の備中ささげは有名で、種子を横から見るとだるまの横顔に似ていることから、備中だるまとして有名である。

　栄養成分は小豆に似ているが、小豆より皮が硬く、煮崩れしないことから、主に赤飯などに使われている。関東以西で主に栽培され、三尺ささげ、十六ささげ、不老ささげなどがある。少量であるが、北海道では仏事用黒飯に利用されている。黒ささげなどがある。

きび（黍）

イネ科の一年草で、キビの種子を乾燥させた製品。岡山県名物の「吉備団子」は桃太郎の話にも出てくるほうびの「きび団子」の名前で親しまれている。きび団子はもともとキビを材料に粉にした団子であったが、今は白玉粉やマキビを使っている。

実が黄色いことから「黄実」となり、「きび」と呼ばれるようになったといわれている。五穀豊穣の1つに数えられている作物である。原産地はアジア中央部から東部にかけてであるといわれている。日本には米、麦、粟、稗などより少し遅れて中国から伝来したとされている。種子は淡黄色で、大粒、うるちきびと餅きびの2種類に分けられるが、餅きびの方が食べられている。うるちきびは小鳥の餌などに使われている。

イネより短期間で育ち、荒地などでも栽培できることから、昔は広く栽培されていた。しかし、近年はオーストラリアなどからも一部輸入されている。栄養成分として、タンパク質や鉄分、亜鉛などが多く含まれており、米や麦に劣らず栄養がある。

割り干し大根

大根を太く縦に裂いて、長くひもに吊るし乾燥した製品。岡山県高梁市郊外では、地域の手作りの割り干し大根は、5mmくらいの幅で包丁で切り、裏返しにしてさらに斜めに包丁を入れると、「提灯」のようになる。これを折り曲げて干す作業を何度も根気よく繰り返しながら長く伸ばしていく。水で戻すと幾重にもなり、花びらのような形になる。食べたときの食感がまたひと味違う。

蒜山そば

鳥取県境に近い蒜山高原は緑豊かな自然に包まれ、地元で取れる玄蕎麦は味も風味も共によく、地元での人気が高い。また、近くには名水百選にも指定された「塩釜冷泉」が湧くなど手打ち蕎麦などの環境も整っている。

岡山県産海苔

瀬戸内海産で、早い時期に生産されるもので、色、味がよいものは贈答用に使用され、そのほかは寿司海苔、おにぎり、業務用として使われている。生産後期の品質の劣る商品は加工用原料として流通している。

きくらげ（木耳）

神石高原特産きくらげは、栽培から乾燥選別まで一貫して製品化される、岡山県菌床栽培である。収穫後よく水洗いして石付きを取り、天日乾燥し、最後の仕上げは熱風乾燥機で行う。

唐辛子　　　岡山県産唐辛子品種「やまと紅」は、辛みは鷹の爪より軽く、約80％ぐらいである。収穫から乾燥加工まで県産にこだわって生産している。

ひめの餅　　　岡山県北部の新庄村は夏の昼と夜の温度差が激しく、おいしい餅米の生産に最も適しており、その気候条件で作った餅は絶品である。

鴨川手延べ　　　岡山県鴨方は昔から備中手延べ素麺、うどんの産地である。鴨川の川岸にある水車挽きが、製粉の産地でもあり、平安の昔からの手延べの技法が伝えられて今日に至っている。

　岡山県鴨方、笠岡地方は麺どころで、杉谷川の水と熟練の技が作り出す手延べ麺は3日作りの昔ながらの製法を今なお使っており、1〜3月の寒の時期にじっくり低温で熟成させて、通常の2倍の乾燥時間をかけているため、きめ細かさ、色つや、滑らかな舌ざわりと腰の強さ、歯ごたえのよさは抜群である。この地のブランド「松の雪」は組合生産であったが、現在は民間生産となっている。鴨川素麺、うどん、さくら麺など品種も多い。

はとむぎ茶　　　笠岡市農協新山支部が中心となって企画開発した特産品で、ハトムギを原料に無農薬栽培し、無添加焙煎した麦茶である。

こんにゃく　　　芳井町は県内有数のこんにゃくの生産地で、生芋から乾燥こんにゃくまで幅広く生産している。舌ざわりのよさが特徴的である。

干し柿　　　矢掛町の特産である。山ノ上地区では、毎年良好な天日干し柿が特産として有名。

白石島海苔　　　白石島は瀬戸内海国立公園の代表的な自然美観を持つ島である。晴れた日の山頂からは、遠くは大山、四国の石鎚山が眺望できる。その島の周辺は海苔の産地で、味と風味は他産地に引けを取らない最高の味と品質がある。

Ⅱ　食の文化編　　109

Ⅲ

営みの文化編

伝統行事

吉備津彦神社御田植祭

地域の特性

　岡山県は、中国地方の東端に位置する。北に中国山脈を背負い、そこを分水嶺として、西から高梁川、旭川、吉井川がほぼ平行して南流し瀬戸内海に注いでいる。気候は温暖、降水量が少ないことから、「晴れの国」と呼ばれてきた。

　吉備国の存在した古代には、備前・備中・備後が分国をなしていた。のちに備前から美作が分かれ、以来、江戸時代まで長く備前・美作・備中・備後の国割りが続いた。明治時代になって、備前・美作・備中が岡山県を形成し、備後は広島県に編入された。

　古代吉備国は、大和と出雲、北九州を結ぶ要路にあたり、異種の文化がこの地で接触、融合、いわゆる吉備文化が栄えた。大小2万以上にも及ぶ古墳をはじめ、数多くの遺跡を残している。

　また、街道交通が未発達な時代には、川筋の往来が盛んで、3本の川筋ごとにそれぞれの文化の発達もみた。

　総じて岡山県気質は、悠長であると同時に協調性に欠ける、ともされる。これは、気候や食物に恵まれた風土がなせるものであろう。

行事・祭礼と芸能の特色

　現在の岡山県をなす備前・美作・備中の三国の分割が、1000年以上も続いた。したがって、それぞれに伝統行事や祭礼、芸能やごちそうのあり方も違うのが当然である。川筋でいうと、備前と美作が吉井川、備中が高梁川沿いにある。そして、旭川が備前・美作と備中を分けるかたちで位置する。

　たとえば、神社を中心としたまつりに関係して発達をみた神楽は、備中地方に濃密に分布する。神楽は、美作でも一部分布をみるが、備前にはその伝統がみられない。これは、ひとつには、中世以降、「備前法華」とい

われるほどに、神道との習合に距離をおく日蓮宗が備前一円に広まったせいだろう、と思われる。

逆に、お日待ち（特定の日に集落の同信者が集まってお籠りをすること）などは、備前地方に多く伝わる。民間行事でもあるが、全国的にみると念仏講と重なるところもあり、仏教系の行事色が強いものである。

美作や備中の県北には御田植の神事や芸能が伝わっている。稲作地帯であれば、どこにでもあったはずで、古くさかのぼれば、豊作の切実な祈願ということでは秋の収穫祭（秋まつり）よりもむしろ重要な行事であった。これを予祝行事ともいう。

代表的な民俗芸能としては、備中神楽（備中地方一円、とりわけ吉備高原西部）、白石踊（笠岡市）、大宮踊（真庭市）、唐子踊と太刀踊（牛窓町、邑久町）などがある。

主な行事・祭礼・芸能

西大寺の会陽

真言宗西大寺（岡山市）で行なわれる修正会（国の繁栄を祈る仏教行事）結願の行事。裸まつりとも呼ばれる。旧暦1月14日の夜、信者たちは、吉井川で水垢離をとったのち褌一本の裸のまま境内につめかける。午前零時、すべての灯火が消されると、院主から神木が投じられ、それを彼らが奪い合う。神木は、1尺（約30.3センチ）ほどに削った木片で、これを数万の男たちが奪い合うようすは、壮観である。神木を獲得した福男は、町内の白行灯を掲げた家に飛び入り、米を盛った枡のなかに神木を突き立てる。その家の主人は、ただちに寺に報告。16日にその神木を寺に納めると、寺では祝宴を開き、福男に謝礼を贈るのである。

この行事は、奈良東大寺二月堂のお水取りにならったものといわれ、西大寺の中興の祖である忠阿上人が、文亀2（1502）年、神木を信者のなかの年長者に授けたのがはじまり、と伝わる。その後、希望者が激増したためくじ引きとなったが、それでも間に合わなかったので取り合いにまかせるようになった、という。同様の会陽行事は、瀬戸内海沿岸部に少なくない。

近年では、子ども会陽も盛んに行なわれている。

Ⅲ　営みの文化編　113

御田植祭　　　田植えに先だって、豊作を願う予祝行事。神社の拝殿や境内を水田に見立てて、田ごしらえ・苗代づくり・籾播き・苗取り・田植え・草取り・稲刈り・倉入れといった稲作の一連の作業を模擬的に行なう。

　古式は、県北部によく伝わっている。たとえば、苫田郡富村の布施神社で5月5日（もとは旧暦4月5日）に御田植祭が行なわれる。境内を神田にみたてて少年二人が牛になって代かきをしたり、田植えから収穫までの演技をみせる。そこに殿様と家来が登場、家来がおどけた所作で殿様を笑わせようとする。殿様が笑うと不作になる、とされている。ほかに、県北では、津山市の中山神社の御田植祭が広く知られる。

　もっとも神事色の強いのが、5月5日に行なわれる新見市の日咩坂鐘乳穴神社の御田植祭である。拝殿と社務所の間の空地で神事があり、鋤・えぶり・牛鍬を使って代かきなどの模擬が行なわれ、さらにスギの葉を苗にみたてて田植えが行なわれる。全員が後ずさりに植え、引き返して植え終える。この苗を持ち帰って苗代田に立てると豊作、といわれている。

　岡山市一宮の吉備津彦神社のそれは、オンダといわれる。8月2日・3日（もとは旧暦6月27日・28日）に行なわれるが、現在は田植え作業の一連の所作はみられない。俗に御幡行列とか幡とりといわれる行事が伝わる。この幡は、生木綿を打ちかけた幡で、幡の先端の横木に扇がさしてある。その幡を氏子たちが担いで随身門から入ると、待ち構えていた農民たちが争って幡を奪いとる。それを持ち帰って田に立てると害虫を防ぎ豊作のまじないになる、といわれている。

盆踊（白石踊・大宮踊・松山踊）　　　白石踊は、笠岡市白石島に伝わる盆踊である。旧暦7月13日から八朔（8月1日）まで、海辺に櫓を立て、その周りで踊る。また、新盆の家を巡回しても踊る。男踊（蓑笠に羽織姿）、女踊（蓑笠に紋服姿）、笠踊（鉢巻・法被をつけ菅笠を持つ）、娘踊（手拭・振袖姿で扇を持つ）のほか、奴踊、鉄砲踊、真影踊、大師踊、阿亀踊、扇踊、梵天踊、ブラブラ踊など13種類のうちのいくつかを組み合わせるかたちで踊られる。楽器は太鼓だけ。源平合戦の死者の魂を弔うことからはじまった、といわれる。その踊りの多様さは、全国的にも高い評価を得ている。

　大宮踊は、7月14日から19日にかけて、蒜山高原の八束村福田神社を

中心に村々で踊られる。泥臭い野趣あふれるテンコ（マネキ）と手ぶりのやさしい洗練されたアオイ・シッシという3種の踊りがある。それぞれ浴衣で踊るが、テンコでは仮装役の者が出て、杵（きね）や摺こぎ（すり）、摺鉢、鐘、胡瓜（きゅうり）などを持って踊る。楽器は、太鼓だけで、縄をバチにして打つ。

松山踊は、高梁市に伝わるもので、地踊（四つ拍子）と仕組踊とからなる。

唐子踊（からこ）　牛窓町紺浦のオヤクジンサマ（疫神社）の秋祭り（10月24日、もとは9月23日）に奉納される踊り。11、12歳のほぼ体格のそろった男の子二人が、「アサ　チャアァー　アーワンエ　ハエエエーヤーンヤワ　シュウウンレ（後略）」の歌にあわせて踊る。衣装は、朝鮮李朝時代を思わせる上着とズボンに黒いふちどりをしたチョッキ風のものを着て、その上を桃色の長い帯で結ぶ。帯は横結びで先を下に長くたらす。頭には鍔広（つばびろ）で頂に角（つの）のある帽子をかぶる。角の先には麻糸を束ねた房がついている。江戸時代、牛窓に寄港した朝鮮通信使の一行が伝えた踊り、といわれ、衣装や歌詞、踊りの所作などすべてに李朝朝鮮のおもかげがみられる。

秋まつりと備中神楽

備中地方のまつりは、大別すると4種類がある。旧村単位（大字（おおあざ）に相当）で祀る氏神のまつり、荒神集落（ほぼ小字に相当）で祀る産土荒神（うぶすなこうじん）のまつり、血縁集団で祀る株神のまつり、そして各家ごとに祀る宅神のまつりである。これが、ほぼ祭祀規模の大きい順に秋から春にかけて行なわれる。

備中神楽には、氏神の例大祭に奉納される「宮神楽」と産土荒神の式年祭（一般には7年ごと）の「荒神神楽」（式年神楽）がある。宮神楽は、江戸中期に国学者の西林国橋が神話に題材を求めて編成した神代神楽（じんだい）を中心に演じられる。「天の岩戸開き」「国譲り」「大蛇退治」など芸能色が強い、仮面を多用した神楽である。一方、荒神神楽では、それに加えて神事色の濃い素面で舞う神楽が演じられる。

とくに、産土神（荒神（こうじん））の信仰がこれほど濃厚に伝わるところは、全国でも稀である。荒神とは、一般には火の神、竈（かまど）の神とされるが、この地方では地神の親神的な神格をもつ。つまり、産土神なのである。荒神神楽は、おもに田畑（神楽田）に仮設した神殿で夜っぴいて演じられる。

神楽田は、共同開墾した耕地の記念であり、荒神を迎えるにもっともふ

Ⅲ　営みの文化編　　115

さわしい場所とする。そして、荒神神楽の「五行」や「託宣」「石割」では、そうした荒神の神格や由来を語り継いでもきているのである。

なお、宮神楽・荒神神楽をあわせた備中神楽は、昭和54（1979）年に国の重要無形民俗文化財に指定されている。

吉備津神社の鳴釜神事

岡山市の吉備津神社に伝わる神事で、祈願が叶えられるかどうかを釜の鳴る音で占うというもの。この神事は、御釜殿にて神官と阿曽女と呼ばれる老巫女の2人が奉仕する。阿曽女は神官と竈をはさんで向かい合って座り、釜に水をはり湯を沸かす。釜の上には蒸籠が置かれ、蒸籠からは湯気があがっている。前で神官が祝詞を奏上する。阿曽女は、蒸籠の中で器にいれた玄米を振る。すると、音が共鳴する。この音を「おどうじ」という。このおどうじの大小長短によって、吉凶禍福を占うのである。

鳴釜神事の起源は、次のように伝わる。吉備国に温羅という百済の王子が来訪、土地の豪族となったが、吉備津彦命に首をはねられた。首は死んでも唸り声をあげ続け、骸骨になってもやまない。ついには御釜殿の下に埋葬したが、なお唸り続けた。困った吉備津彦命に、ある日温羅が夢に現われ、温羅の妻である阿曽郷の祝（長）の娘、阿曽媛に神飯を炊かせれば温羅自身が吉備津彦命の使いとなって吉凶禍福を告げよう、といった。そのお告げのとおりにすると唸り声が静まったことからこの神事がはじまった、という。

ハレの日の食事

「まつりずし」がよくつくられ、食べられた。別名「ばらずし」ともいう。すし飯の上に魚介類や山菜をふんだんにのせた豪華なすしである。備前地方の郷土料理として、現代にも伝わる。

由来は、江戸時代に藩主池田公が「質素倹約」を奨励、食事は一汁一菜とする、というお触れをだした。そこで、人びとは、なんとかこのお触れに逆らうことなくうまいものを食べたいと知恵をはたらかせ、ご飯の上に魚介や野菜をのせれば見た目は一菜だ、としてつくったのがはじまり、という。季節やそれぞれ、家庭によってものせる具材は違う。岡山では春と秋のまつりには欠かせない行事食で、各家でたくさんつくり、近所にも配る習慣が伝えられている。

備中地方でいう「まつりずし」は、古くは姿ずしであった。たとえば、吉備高原の南部のあたりでは、背割りをしたツナシ（コノシロの幼魚）を甘酢に漬け、それにすし飯をつめた。また、中国山地にかかるあたりでは、サバの姿ずしがつくられた。現在では、郷土料理として新見のさばずしが伝わるものの、他ではみられなくなっている。

Ⅲ　営みの文化編

寺社信仰

吉備津神社

寺社信仰の特色

　岡山県は古く吉備国とよばれ、製塩や交易で栄えた大国であった。岡山市北区の造山古墳は大阪の3大皇陵に次ぐ全国4位の大きさである。後に備前・備中・美作の3国となり、旧3国各一宮の奇瑞である「備前の田植」「備中の釜鳴」「美作の夜桜」は岡山三大不思議といわれた。

　備前一宮は岡山市北区の吉備津彦神社で、一夜にして稲苗が現出する怪事が知られた。もとは岡山市東区の安仁神社が名神大社の由緒をもち、備前一宮であったが、藤原純友に与して二宮になったと伝える。

　備中一宮は岡山市北区の吉備津神社で、吉備国の総鎮守・総氏神と崇められ、本殿と拝殿は国宝である。祭神は桃太郎のモデルといわれ、退治した鬼の首を埋めた上に据えた釜の音で占うのが鳴釜神事という。

　美作一宮は津山市の中山神社で、昔は一夜で開く桜があったという。吉備中山の鏡岩の神を分霊創祀したとも思われるが、猿神を祀ったとも伝える。娘を生贄にした猿神は退治され、奥宮に鎮められたといい、祈願者は供えられている布猿を借りて帰り、願が叶うと倍返ししている。

　美作の後山は県内最高峰で、倉敷市児島に展開した五流修験も行場とするなど修験道の中心として栄え、西大峯山とも称された。五流修験は紀州熊野三山を遷したとする社寺群を拠点に信仰が盛んであった。倉敷市林の修験道総本山五流尊瀧院と日本第一熊野十二社権現宮、同市児島由加の由加山蓮台寺と由加神社本宮などが伝統を受け継いでいる。蓮台寺の瑜伽大権現は讃岐の金毘羅大権現と両参りで信仰を集めた。

　現在、最も多くの参拝者を集めるのは岡山市北区の日蓮宗妙教寺といわれる。一般に最上（高松）稲荷と称され、日本三大稲荷の一つに数えられる。日蓮（法華）宗は14世紀に大覚が活躍して以降、「備前法華」と称されるほど盛んとなったが、岡山藩主池田光政は日蓮宗の不授不施派を徹底的に弾圧し、多くの寺社を廃絶した。

118　凡例　†：国指定の重要無形／有形民俗文化財、‡：登録有形民俗文化財と記録作成等の措置を講ずべき無形の民俗文化財。また巡礼の霊場（札所）となっている場合は算用数字を用いて略記した

主な寺社信仰

八幡神社
（はちまん）

津山市田熊。下分地区にある小高い山の上に鎮座。津山市大吉の広戸神社奥に発する広戸川の下流にあたり、流域に広がる水田地帯が収束する場所に位置する。811年の創建で、1664年に森長継が本殿を再建したという。誉田別尊・足仲彦命・武内宿禰命を祀る。11月の秋祭には神輿・獅子舞・天狗・河童・天傘・太鼓が揃って登場し、50人の担ぎ手が400kgの神輿を担いで30度近い急勾配の参道を駆け上がる姿は圧巻である。境内には〈田熊の舞台〉†がある。本格的な歌舞伎舞台で、特殊な木車装置を有する皿廻し式の回り舞台（盆の上面を足で踏み廻すので「足回し」とよばれる）の他、太夫座、二重台など各種の機構を備えている。拝殿を利用して舞台下手と渡り廊下で結ぶ花道や、舞台後方の開口部が背後の自然景観を借景として取り入れるなどの工夫もみられる。

布施神社
（ふせ）

鏡野町富西谷。白河山の宮住に鎮座したのが始まりで、御幸の折に水無谷から流されて三塚の壇の麓に漂着、15世紀に当地へ遷座したと伝える。神は漂着のときに柚子の木の刺で失明したので、以後、当地では柚子の木を植えないという。富（登美）荘の総鎮守で、高野山聖無動院末の長善寺（美作88-67）が別当を務めた。東本殿に素盞嗚尊、西本殿に奇稲田姫命を祀る。随神門には美作地方特有の門人（門の客人）2体が立つ。5月5日の〈布施神社のお田植祭〉‡では締め括りに「殿様と福太郎」があり、福太郎が滑稽な所作をして周囲は大笑いするが、殿様が笑うと不作になると伝え、殿様は決して笑わない。例祭は10月で神幸がある。祭は複数の頭屋が1年交替で当屋主となって行い、4月3日の注連立祭で分霊を当屋主宅へ遷し、12月5日の霜月祭で還して頭屋渡しの儀となる。

両山寺
（りょうさんじ）

美咲町両山寺。東の弥山と西の城山から成る二上山の南麓に建ち、二上山蓮華院と号す。高野山真言宗。美作88-24。本尊は聖観音。泰澄が開山し、後に空海が寺を創建、以後、天台宗と真言宗の道場として栄えたという。1565年に尼子氏と毛利氏の争いで焼亡し、1688年に津山藩主の森長成が再興した。8月14日の護法祭は修験系の行事で、昔は久米南町の佛教寺や建部町の豊楽寺など久米郡を中心に修さ

れた〈美作の護法祭〉‡の一つである。二上神社（八頭大明神）の護法善
神社から迎えた神を護法実（ゴーサマ）に祈り憑けると、神懸りした護法
実は深夜の境内を疾駆跳躍する（御法楽／御遊び）。参詣者を高い所まで
追いかけるのは善神の使いである烏が憑いた烏護法であるからといい、久
米南町の清水寺の護法実は犬護法なので堂の床下まで追うという。

福田神社

真庭市蒜山中福田。旭川の上流域、山中（蒜山高原山麓
の村々）の中心に鎮座。隣の上福田には〈郷原漆器の製作
用具〉‡を展示する川上歴史民俗資料館がある。大己貴命・素盞鳴尊・稲
田姫命を祀り、1909年に摂社10社を合祀して若日女命など13柱を配祀
した。古文書には「布施郷の大宮」や「大宮大明神」とあり、大宮様や大
森（大守）大明神と崇められ、山名師義は兜を、植木秀長は鉾を、森長
継は本殿を奉納したと伝える。8月15、17日の夜に境内で奉納される盆
踊りは〈大宮踊〉†とよばれ、大灯籠を囲んで人々が輪になって踊り、終
盤にはテンコ（天孤か）が男女和合の所作などを躍る。昔は男女の交情も
盛んだったという。カワコ（河童）から手洗鉢を守るため通夜した際に踊
ったのが始めと伝え、近くの福王寺の伝では豪姫（宇喜多秀家の正室）が
振付を教えたという。

牛窓神社

瀬戸内市牛窓町牛窓。中世には瀬戸内屈指の水運基地と
して栄えた牛窓の総鎮守。古くは地域の開祖霊や土地神を
祀り、牛窓明神と称されたが、11世紀に教円大徳が豊前国宇佐八幡宮か
ら神功皇后・應神天皇・武内宿禰命・比賣大神を勧請し、牛窓八幡宮と
崇めらるようになったという。中世には山城国男山（石清水）八幡宮領
であった。摂社として本町に五香宮、紺浦に疫（素盞鳴男）神社、綾浦
に御霊社などがある。10月の秋季例祭には、疫神社で唐子踊、御霊社で
太刀踊がそれぞれ奉納され、牛窓と邑久に伝承される〈唐子踊と太刀踊〉‡
の代表格となっている。唐子踊は朝鮮風の色鮮やかな服装をした2人の少
年が意味不明の囃子に合わせて対舞する。太刀踊は男役で太刀を持った少
年2人と、女装して薙刀を持った少年2人が青年たちの唄に合わせて踊る。

西大寺

岡山市東区。古くから備前の要港として栄えた金岡郷に建ち、
金陵山観音院と号す。周防国玖珂庄の皆足媛が当地に千手観音
像を安置し、後に大和国長谷寺で夢告を得た安隆上人が堂宇を建立して開
いたと伝え、報恩大師が開基したともいわれる。安隆が児島の槌戸ノ浦で

仙人（竜神）から戴いた犀の角を鎮めたことから、当初は犀戴寺と称したという。皆足媛の位牌は、讃岐国金毘羅大権現の本地仏とともに、一山鎮守の牛玉所大権現（本地五大明王）を祀る牛玉所殿に安置されている。年頭の修正会の結願に行われる〈西大寺の会陽〉†は裸祭として知られ、数千人もの男衆が宝木を激しく奪い合うことから、日本三大奇祭・日本三大裸祭の一つに数えられる。かつて〈岡山県の会陽の習俗〉‡は100か所以上の地域で行われていたが、現在は十数例が残るにすぎない。

吉備津彦神社

岡山市北区一宮。備前一宮。備前国と備中国の境にある吉備中山の東北東麓に鎮座。夏至の日の出が鳥居から祭文殿の鏡へと差すことから「朝日の宮」とも称される。吉備中山の西北西麓に建つ備中一宮吉備津神社とともに、大吉備津彦命を主祭神に祀る。命は崇神天皇の代に四道将軍の一人として西道（山陽道）に派遣されて吉備国を平定した吉備津彦といわれ、その屋敷跡に社殿が創建されたのが当社の起源と考えられている。例祭は10月で、流鏑馬神事を伴う。8月2日・3日の〈吉備津彦神社の御田植祭〉‡は、昔は旧暦6月27日・28日に行われていた。初日は御斗代祭で、夜中に3束の苗を御羽車に載せて神池へ運び、竹筒に挿す。翌日は御幡神事で、十数本の大旗行列が神池を1周する。門前では観衆が旗に襲い掛かり、先端の扇を奪い取る。田に挿すと害虫を防ぐという。

鴻八幡宮

倉敷市児島下の町。甲山の麓に鎮座する鴻ノ郷（上の町・下の町・田の口・唐琴）の総氏神。豊前宇佐八幡宮より勧請したと伝え、古くは八幡明神と称された。現在は誉田別尊・足仲彦天皇命・息長帯姫命・仲姫命・玉依姫命の5柱を祀る。『吉備温故秘録』によると、昔、当社に大蛇が棲み、宮山に群棲する鵺ノ鳥が人々を襲撃して参拝が絶えたとき、神力で大蛇と鵺ノ鳥が殺し合う奇瑞があり、以後、鴻ノ宮と崇められたという。10月の例祭には、18台の山車と1台の千歳楽（太鼓台）が〈鴻八幡宮祭りばやし（しゃぎり）〉を演奏しながら、表参道の急坂を威勢よく駆け上がる。囃子はダンギレ・信楽（兵庫）・祇園・オヤジ（上がりは）・神楽・下がりは・オヒャリコの7曲を伝承している。

大元八幡神社

高梁市成羽町成羽。1584年の『成羽八幡旧記』によると、1533年、備中攻略を目指す三村修理大夫家親が成羽の鶴首城へ進出、居館（お茶屋／成羽城）を築くとともに、生国

Ⅲ　営みの文化編　121

の信濃国狭江から正八幡宮を勧請して居館の西側に社殿を造営し、成羽荘6か村の大氏神にしたのが始まりと伝える。当社の南には家親の菩提寺で備中33-11の曹洞宗泰降山源樹寺が建つ。以来、歴代城主の崇敬篤く、江戸時代には成羽藩領の鎮守と崇められ、1667年の松鷹図や1838年の算額など数多くの古絵馬がきわめて良い保存状態で伝えられている。10月の秋祭には神幸や〈備中神楽〉†の奉納がある。備中神楽は五行神楽を中心とした修験山伏色の強い荒神神楽がもとで、神殿神楽とも称される。19世紀に成羽町下日名の御前神社の神主であった国学者の西林国橋が演劇性の濃い神楽に改変した。

大浦神社（おおうら）

浅口市寄島町。昔、神功皇后が寄島（三郎島）に寄航して天神地祇を祀ったのが始まりで、後に安倍晴明が寄島の南海中に出現した三郎島（三つ山）に応神天皇・仲哀天皇・神功皇后の3神を祀り氏神にしたと伝える。1559年、細川通董が青佐山城に入り、城の鬼門であった現在地に遷座、神幸に40頭の神馬を参列させたのが10月の競馬神事の始まりという。社の北西にある大池の土手には1614年に競馬神事宰領となった小野幸七の石碑が建つ。碑の隣には尾焼の池ん堂とよばれる四ツ堂が建つ。〈備中の辻堂の習俗〉‡によるもので、昔は盆月に茶堂の行事があり、部落の者3〜4軒が組になって御接待をしたが、他人を押し退けて我先に受けるのが良いとされる、一風変わった風習があったという。

開龍寺（かいりゅうじ）

笠岡市白石島。弘法山と号す。本尊は聖観音。弘法大師空海が唐から帰朝の折、島へ立ち寄り、巨岩の下で三七日の修行をし、みずからの姿を杖先に刻んだ1寸8分の身代わりの像を安置したのが始まりという。そこが現在、寺の奥の院となっている大師堂で、神島八十八ヶ所の遍路が結願の御礼参りに訪れる奥之院根本道場ともなっている。後に源平水島合戦（1183年）の死者を供養する慈眼寺と死者を祀る永護神社が建立され、死者の霊を慰める〈白石踊〉†が始められたという。この盆踊は複数の型の踊が同じ輪の中で混在するという他に類をみない特色を伝承している。1625年、備後福山藩初代藩主の水野勝成により藩の祈願所となる。江戸時代は祈願所で、島民の菩提寺は神島の日光寺であった。国名勝・白石島の各所には当寺を中心に島八十八ヶ所も創設されている。

倉嶋神社
くらしま

新見市千屋。岡山県の北西端、高梁川の最上流部、代城の氏神。千屋は中世には京都の東寺を荘園領主とする新見荘の一部であった。大氏神は新見市西方の江原八幡神社で、大祭は西方・井・坂本・千屋・高瀬・釜・三坂の7か村が輪番であたった。西方は世界記憶遺産で国宝の『東寺百合文書』にある「たまかき書状」で有名な女性たまかきの出身地でもある。旧暦9月19日の秋祭には〈千屋代城のとうや行事〉‡が営まれていた。これは5つの名（中世以来の古い家筋）に分かれた世襲の宮株16戸が中心となって行うトウヤ（頭屋／当屋）行事で、世襲制である座頭を中心に維持されていた。代城は旧焼畑地帯で、里芋・大豆・大根などの畑作物が主たる神饌として供えられ、かつそれが直会に用いられた。隣の神郷高瀬には亀尾神社と氷室神社で宮座が今も伝承されている。

伝統工芸

備前焼

地域の特性

　岡山県は山陽道の中央に位置し、東に兵庫県、西に広島県と接している。北は鳥取県と島根県へ通じ、南は瀬戸大橋で四国と行き来する交通の要衝である。北部の中国山地には降雪もあるが、南部は年間を通して雨が少なく温暖な気候である。東の岡山市を含む備前地方、西に倉敷市のある備中地方と中国山地に津山市などのある美作地方がある。

　1597(慶長2)年に完成した岡山城は、黒漆塗りの天守閣の壁の色から烏城と呼ばれている。その地の干拓は江戸時代に進み、干拓地で塩に強いワタの栽培が行われた。北前船が運ぶ鰊粕を肥料に育てられたワタは、織物に加工されて特産品となった。備前の伊部は、その独特な田の下の土を焼き締めるやきもの「備前焼」の産地である。

　備中の高梁市には、上質の和紙の原料となるミツマタが成育する。地元のミツマタのみを用いて、伝統の技法でつくられる「備中和紙」づくりは、現在、同じ備中地方の倉敷市の工房に受け継がれている。

　美作地方大山の麓に広がる蒜山高原のヤマグリは、縦木取りで挽く漆椀が評判の「郷原漆器」となった。真庭市勝山町のマダケは、丁寧な手仕事で「勝山竹細工」に仕上げられる。かっちりとした編み組みは、抱えもつ大型のものでも揺るぎない。岡山県では、自然の恵みの長所を最大限に引き出す技が編み出され、暮らしの役に立つ伝統工芸に継承されている。

伝統工芸の特徴とその由来

　岡山県は、古来交通の要衝であり、江戸時代には岡山藩と津山藩のほか天領や小藩などが多数存在する地域となり、各地に特色のある伝統工芸が育まれた。備前地方の「備前焼」は釉薬を使わず、窯で焼く土味に特徴のあるやきものであり、その歴史は須恵器に由来するといわれている。岡山

城にちなむ名称をもつ「烏城紬」は、備前地方の綿織物を源流とする絹織物で、おぼろげな景色を奏でる優しい色合いに特徴がある。江戸時代の武士の内職から、俳句にちなむ伝統工芸「撫川うちわ」が生み出された。撫川うちわ保存会「三杉堂」が伝承している。

　備中では、9世紀頃に和紙の製法が奈良から伝えられ、清川内のミツマタでつくられてきた。

　美作地方の「勝山竹細工」は、江戸時代にはすでに産地となっていたといわれている。

知っておきたい伝統工芸品

烏城紬（岡山市）

　江戸時代の各藩はワタの栽培を奨励し、それぞれの地域で独自の織物が発達した。備前池田藩は1798（寛政10）年、埋め立て地でもある岡山児島半島の灘崎村迫川、宗津地方中心にワタ栽培を奨励していた。そこで発達したのが木綿織物で、同時に藍染も普及した。需要が多かったのが、藍で染めたくっきりした縞模様の小倉織（太綿織）で、経（縦）糸を密に太目な緯（横）糸を打ち込んだ丈夫な布地で、袴や帯地に仕立てられた。その後安政年間（1855～60年）にはきもの地（手紡糸太綿）が多く織られるようになり、関西方面に広く売り出し普及した。当時は、万年紬、岡山紬と呼ばれていた。

　明治・大正時代にはワタ栽培とともに養蚕も行うようになり、綿糸と生糸との交織となるが、昭和時代に入るとワタ栽培がなくなり原料は生糸だけになるため、昔ながらの織り方で紬を織るようになる。昭和時代初期に三宅小三郎（2代目）が撚りをかけない糸を紡ぐ足踏みの糸紡ぎ機を考案、これで織った布を「烏城紬」と名付ける。しかし、第二次世界大戦後は、和服から洋装に、素材は絹よりウールへと衣生活が変化したことから、製造する人も激減。その中で、代々続いてきた技術を残そうと4代目として須本雅子が、1994（平成6）年から県内2個所の公民館で講座を開き、一般女性に技術を伝えている。講座の卒業生を中心に、技術保存と後継者育成を目的に「烏城紬保存会」を立ち上げ、烏城紬伝承館を拠点に、糸紡ぎから精練、草木染、整経、機ごしらえ、織りまでのすべての工程を一人で一貫して行う研修や活動を行っている。

　織りの特徴は、緯糸に残糸の糸などをからませて織る。別名「からみ烏

Ⅲ　営みの文化編　　**125**

城」と呼ばれる所以だ。

備前焼 (備前市、岡山市)

六古窯の一つで、古墳～奈良時代にかけてつくられた須恵器に由来する。焼き締めの技術で硬度を増し、陶磁器の分類では炻器 (生地が焼き締まった陶器) に属する。茶褐色の地肌は、無釉なので素朴で重厚、土味のもつ温かさなどを感じられるのが特徴。備前市伊部を中心に焼き継がれてきたので「伊部焼」ともいわれる。

慶長 (1596～1615年) 以前のものを古備前といい、水甕、種壺などがつくられていた。その後、花入れ、徳利などを加え、室町～桃山時代にかけて茶道の発展とともに茶人の趣向に合わせて茶壺、茶碗、置物など茶陶がつくられた。江戸時代には藩の保護もあり、全国に普及。明治になり欧風の磁器が流通し始めると、備前焼の人気は衰えたが、「備前焼中興の祖」といわれる金重陶陽 (1896～1967年) は、「古備前風」と桃山時代の伝統を再現する技術を編み出し、新たな時代の好みを見出した。金重は1956 (昭和31) 年には重要無形文化財 (人間国宝) に、そのほか、藤原啓 (1970年)、山本陶秀 (1987年)、藤原雄 (1996年)、伊勢崎淳 (2004年) など備前焼の作家の多くが人間国宝に指定された。現在も備前焼の人気には根強いものがある。

備前焼の陶土は「田土」と呼ばれ、田んぼの土の下の層から掘り起こした土と、鉄分を多く含み粘着力に富む粘土を混ぜる。この混合率によって肌合いが違ってくる。この陶土は釉薬を使わない代わりに、焼き締めによる鉄分の変化と灰の自然釉が独特の肌合いを生んできた。陶土で成形し乾燥させた作品は登り窯に入れ、アカマツを使用し1200～1300℃近くの高温で約2週間前後焚き続ける。窯の中では高温の熱、炎、灰、炭、藁などの作用で、胡麻、桟切り、緋襷、牡丹餅、青備前、黒備前、伏せ焼などという窯変が起き、作品の表面が変化する。これにより二つとして同じ作品ができないことが特徴でもある。

郷原漆器 (真庭市)

郷原漆器の特徴は、地元に自生するヤマグリの木を使うことにある。生木のまま輪切りにして、年輪を中心に轆轤で挽き乾燥させる木地づくりにも特徴がある。加工しやすく、乾燥時に割れにくいヤマグリだからこそ可能な縦木取りの製法である。椀に現れるヤマグリの面白い杢目も、郷原漆器の魅力の一つとなる。

126

蒜山産の珪藻土を用いて、割れにくく丈夫な下地にした上に、漆を塗り固めては磨く工程を繰り返した後、仕上げ塗りをする。求めやすい価格であることから「郷原輪島」と呼ばれ、親しまれた。使うことで漆が透け、杢目（もくめ）がはっきり見えてくるのも楽しみである。

　岡山から大山（だいせん）に向かう「大山みち」は、参詣や牛馬市を目当てにいき交う人々で賑わった。14世紀末頃に漆器づくりが始まった郷原は、大山みちの宿駅（しゅくえき）でもあり、江戸時代には、街道沿いに木地屋や塗師屋（ぬしや）が軒を並べたという。

　第二次世界大戦後に漆器生産は一度途絶えたが、郷原漆器生産振興会が中心となり、郷原漆器の技法を受け継いでいる。暮らしの中で、毎日使いたい、しっかりとした器がつくられている。

勝山竹細工（かつやまたけざいく）（真庭市）

　勝山竹細工の、畳表に似てかっちりとした「ござ目編み」は美しい。パン篭や花篭、手提げなどとして、食卓や居間、外出の際にも役に立つ。発祥の詳細は不明だが、真庭市は江戸時代には産地であったという。農作物を入れる「そうけ」や、研いだ米の水切りをする「米あげぞうけ」などがつくられてきた。

　勝山竹細工の根本は、「よいタケを見て、よい時期に切る」ことである。毎年10～12月にかけて竹藪に入り、3～5年を経たタケを厳選して1年分採り、風通しのよい日陰に保管する。

　勝山竹細工では、材料のタケを火であぶったり煮沸したりしない。汚れを落とし、長さ1～5mに切る。鉈（なた）で縦二つに「荒割り」し、骨や仕上げの縁の部分を使用する細さに「小割り」し、適切な厚みに剥いで「ひご」をつくり、面取りする。「タケ割り3年、ひご取り5年」といわれる、熟練を要する仕事だ。器物の枠をつくり、青いひごと白いひごとを交互に、節の位置を調整しながら編み組み、フジ蔓で縁を留める。

　出来立ては、若竹色が鮮やかである。使うほどに、老竹色から枯れた色へと自然の移ろいが現れる。

備中和紙（びっちゅうわし）（倉敷市）

　備中和紙の原料は、100％地元のミツマタである。ミツマタを煮て、晒（さら）して、塵を取り、繊維を叩きほぐし、漉（す）いて乾かす。どの場面でも、これという状態にするまで妥協はしない。

　プロダクトデザイナーとともにつくり上げた「KAMI」は、平成25年度

Ⅲ　営みの文化編　　**127**

日本民藝館展奨励賞を受賞した。薬品をまったく使わない手漉き紙で、プリンターでの使用が可能だ。また、備中和紙は、1000年後に遺す昭和の大納経の書写紙に選ばれ、東大寺に収蔵されている。

備中和紙の原点は、岡山県高梁市を流れる成羽川右岸にあった清川内という集落にある。1955（昭和30）年代のダム建設により備中湖に沈む前には、紙漉きの里であった。9世紀頃に奈良から製紙技術が伝えられ、ミツマタを漉く「清川内紙」は、重要な生業の一つであった。

ダム建設が決まる頃、倉敷民藝館初代館長外村吉之介が、清川内を訪ね、地元のミツマタのみを用い心を込めて世界一の和紙をつくることを勧めたとき、一人のつくり手がその声に応えた。

丹下哲夫は、外村と相談し、倉敷市水江に漉き場を移し、便せん・封筒・はがき・名刺など清川内ではつくっていなかった商品を開発し、草木染めなどにも挑戦した。外村は倉敷でつくる和紙を「備中和紙」と名付けた。今は孫の丹下直樹に受け継がれている。

撫川うちわ（岡山市）

撫川うちわのテーマは「俳句」である。例えば、「すっと来て　袖に入たる　蛍かな」（杉山杉風）。

うちわの型紙の上部に俳句を一筆書きにする。文字にそって色を変えたときに雲形の模様になるように書く。俳句の内容を盛り上げる蛍や露草などを雲の下に描く。高知県の楮手漉き和紙を型紙にのせて、俳句と絵を写し、雲形と絵を印刀で切り抜く紙づくりである。別に、選び抜いた守屋川のメダケを64本均等に割り、骨づくりを行う。

骨に、表、中、裏の紙を貼る。このとき、上部には雲形に見える「歌継ぎ」を配し、「透かし」を入れて蛍が淡い光を放つように見せるところに、撫川うちわの特徴がある。根を詰め緻密に仕上げた撫川うちわを日にかざせば、丸みを帯びた薄青の雲の縁に涼しい一句が寄り添い、露草の影で蛍が優しく光る。うちわは、タケと和紙のつくる小宇宙になる。

撫川うちわは、1699（元禄12）年に庭瀬藩主が伝え、隣りの撫川藩もつくるようになったことに始まる。藩内の足守川岸で採れるメダケを用いて、生産が軌道にのった。江戸時代後期には、参勤交代の土産品となり、全国に名を知られた。明治時代以降は衰退し、第二次世界大戦後に一時消滅したが、撫川うちわ保存会 三杉堂が伝承している。

民 話

地域の特徴

　岡山県は中国地方の東部に位置し、山間地帯（中国山地）、県北盆地地帯（津山、勝山、新見など）、中部丘陵地帯（吉備高原）、南部平野地帯に大きく分けることができる。県内には吉井川、旭川、高梁川の三大河川が中国山地から瀬戸内海に注いでいる。南部は温暖で晴天の日が多いが、北部山地はやや寒冷で積雪をみる（複数のスキー場がある）。

　古代には広島県東部の備後とともに全県域は吉備国とよばれたが、備前国、備中国、備後国に分かれ、さらに備前北部が美作国とされた。古くから瀬戸内航路、河川交通、陸上交通が発達して栄え、南部の山陽道と北部の出雲往来は古代からの幹線道路であった。

　古代には吉備真備、和気清麻呂などの有力者も出て、古代末から中世にかけては鹿田荘、大安寺荘、新見荘など多くの荘園が置かれた。岡山県北部を含め中国山地は古代から日本における代表的な和鉄の産地であった。中世には備前焼、備前刀、備中刀、備中の鉄製農具などの工業が発達した。近世には美作国に津山藩、勝山藩、備前国に岡山藩、備中国に岡田藩、浅尾藩、足守藩、庭瀬藩、松山藩、新見藩などが置かれた。農産物としては桃、ブドウなどが知られている。

伝承と特徴

　岡山県の昔話の学術的採集は、『ばばさまのおはなし』『御津郡昔話集』など、昭和10年代に始まった。戦後は昭和30年代から岡山民話の会や大学研究会の組織などが採集を開始し、ほぼ全県各地で採集が行われ、『なんと昔があったげな　上・下』『岡山の民話』『奥備中の昔話』『中国山地の昔話』をはじめ、多数の昔話集が刊行されている。岡山県の昔話の伝承状況については『日本昔話通観19　岡山』が詳しい。昔話の発端句としては「なんと昔があったげな（そうな）」、結末句としては「むかしこっぷ

Ⅲ　営みの文化編　　**129**

り」などの形式が保存されている。

　昔話の採集者としては、稲田浩二、稲田和子、立石憲利などがいる。稲田浩二たちのグループが1967年から78年にかけて29道府県で行った現地調査の録音テープは1982年3月国立民族学博物館に寄贈され、現在、「日本昔話資料：稲田浩二コレクションデータベース」として3,668件のデジタル音声データが公開されている（このうち、岡山県の音声データは228件。聴取は館内のみ可能）。また、立石憲利の現地調査の録音テープの一部が「東アジア民話データベース」（科学研究費補助金研究成果公開促進費により運営）で公開されており、600話を語った賀島飛左（旧哲西町、現新見市）などの音声の一部をホームページから聞くことができる。民話をめぐる語り手たちの動向としては、立石憲利が語りの学校を岡山県各地で開催し、修了生を中心にグループ化が行われ、多くの語り手たちのグループが県内で活動を行っている。

おもな民話（昔話）

桃太郎　　桃太郎の昔話は全国各地で語り継がれているが、中国地方には「鬼退治型」と「山行き型」の二つの話型がある。「鬼退治型」は一般に知られている桃太郎話で、「山行き型」は成長して近所の人に山へ行こうと誘われても物臭で断り、後日山へ行くが大木を引き抜いて戻ってきて投げるなどのモチーフが鬼退治の前に入る。岡山では、お供が犬、猿、キジではなく、キジ、カニ、から臼、どんぐりで、みんなで力をあわせて鬼退治をするという語りもある（『なんと昔があったげな　上』）。

　岡山は桃太郎の伝説地として全国的に知られている（伝説地は高松市や愛知県犬山市にもある）。岡山には、吉備津神社（岡山市）に伝わる吉備津彦命が温羅という鬼を退治したという伝説があり、この温羅退治伝説が桃太郎話の原形という伝えもある。吉備津神社周辺には、温羅の居城だったといわれる鬼ノ城、戦いの際にかみ合った矢が落ちた場所という矢喰宮、矢が刺さった温羅から出た血が流れたという血吸川など、温羅伝説ゆかりの伝承がある。岡山県では、名産の桃、銘菓の吉備団子のほか、岡山桃太郎空港（岡山空港）、桃太郎線（JR吉備線）などの愛称付与にみられるように、県をあげて桃太郎のアピールに努めている。岡山の桃太郎話は「昔話」と「伝説」の両面から伝承されている点が興味深い。

取っ付く引っ付く

全国に広く分布する昔話で、登場人物により、隣の爺型、3人兄弟型、化け物型の三つに分けられる。中国地方には隣の爺型が濃厚に分布している。岡山で語られている隣の爺型は次のような話である。

おじいさんが山に木こりに行き、おばあさんが昼に弁当を持って行く途中、「ひっつこうかとっつこうか」という声が聞こえた。おじいさんにその話をすると、「ひっつくならひっついてみい、とっつくならとっついてみい」と言いなさいと言われたのでそうすると、身体中に小判がいっぱい付いて金持ちになった。それを聞いた隣のおばあさんが同じようにすると、身体中に松やに（杉やに、虫、ハエ）が付いたので火で落とそうとすると焼け死んだ（『なんと昔があったげな　上』）。

また、岡山では、おばあさんが焼け死んだというのでおじいさんが行くとお尻だけが焼け残っていたので、その尻を持って家々で宿泊を頼むと「何人ですか」と聞かれ、自分とばあさんのお尻だけと答えると宿泊を断られるというモチーフを持つ「何人か型」が報告されている（『奥備中の昔話』）。不思議な声については、「ひっつこうかとっつこうか」のほか、「ひっつこうか吸いつこうか」「とりつこうかひっつこうか」などと語られる。声の主は語られないが、カラス、猿のようなきょうてえ（恐ろしい）ものが言ったと語られることがある。

鼠浄土
（ねずみ）

この話は「おむすびころりん」の話として広く日本全土に広がっており、岡山でもよく語られる。おじいさんが山へ木を切りに行き、昼に弁当を開くと、握り飯がころころ転んで穴に落ちた。穴の中でねずみたちが「猫がおりゃあで、ねずみの世の中」と言って落ちてきた握り飯を杵でついていたので猫の鳴き声をすると逃げた。おじいさんは穴にある御馳走やお金を持って帰った。隣の欲ばりばあさんが同じようにしたが、ばれて殺される（『なんと昔があったげな　上』）。ねずみたちが杵でつきながら言う言葉は「猫がおらねば、ねずみの世の中。エットンバッポン」「猫さえ来ねば、ねずみの世の中、スットン、スットン」「猫さえござらにゃ、ねずみ世盛り、すっとこすっとこ」など多様で面白い。

狼報恩

おじいさんが山で木を切っていると、狼が大きな口を開けて近くへ来た。口を開けているのでよく見ると口の中に骨が刺さっているので、手を突っこんで骨を取ってやると喜んで去った。翌日、家

Ⅲ　営みの文化編　　**131**

の雨戸をたたく音がしたので開けてみると、狼が山鳥（兎）を置いていったという（『なんと昔があったげな　上』『奥備中の昔話』）。

　動物報恩譚の一つで、全国的に分布している。昔は岡山でも狼が身近な存在だったようで、県内各地に狼様を祀る祠がある。

佐治谷話　岡山県で最もよく知られている愚か村話の総称で、県北地域に分布している。ある日シャジ（佐治谷）の九助という若者が、猟師からカラスを多数もらってかごに入れ、その上にキジを1羽載せて「からすやからす」と呼んで売り、町の衆はカラスなら安くしろと言って負けさせて次々に買ったが、かごから出したのは本当にカラスだったという話がある（『岡山の民話』）。

　岡山県以外では、鳥取県、兵庫県西部にも分布しており、当の佐治谷（鳥取県佐治村、現・鳥取市）地域でも笑い話として語られているが、佐治谷内部の伝承ではわざと愚者を装っているが実は賢いのだとする。佐治谷話は、愚か村、愚か婿、愚か男、愚か嫁、狡猾者譚などにわたり、約60の話型が認められる。

おもな民話（伝説）

猿神退治　人身御供を求める神を旅の男が退治するという話で、全国的に分布する。平安時代末期成立の『今昔物語集』巻26第7話に美作国中参（中山）神社の猿神に毎年娘を生け贄に供えていたが、東国からきた男が猿神を退治して平和になったという説話がある。岡山県では中山神社（津山市）の伝説として伝えられており、中山神社には現在も猿神を祀る猿神社がある。

玄賓僧都　岡山県各地には奈良時代から平安時代にかけて活躍した玄賓僧都（734～818）の伝説が多数伝えられている。特に玄賓が開基したとされる湯川寺（新見市）周辺には、「茶がよく育つわけ」「カワニナに尻が無いわけ」「桓武天皇に薬石を献上」「俊足の玄賓さん」「埋められた黄金千駄と朱千駄」ほか、多数の興味深い伝説が伝えられている（『隠徳のひじり玄賓僧都の伝説』）。

犬島　大宰権帥に左遷された菅原道真（845～903）が船で大宰府に向かうため瀬戸内海を通っている時、大渦巻きに吸い込まれて遭難しそうになった。その時、聞き覚えのある犬の鳴き声がしたためその声を

目指すと小島が見えたので上陸した。そして、むかし道真が人に預けて見失った犬が石になっているのを見つけた。それからは、その島を犬島（岡山市）と呼ぶようになり、その石は道真公の命を助けた犬石様として祀られている（『岡山の伝説』）。

後醍醐天皇　元弘の変の失敗により隠岐に流されることになった後醍醐天皇（1288～1339）は、元弘2（1332）年3月7日京都を出発し、美作国院庄を経て、4月上旬頃隠岐に着いたという。このため、岡山県北部地方一帯には後醍醐天皇にまつわる伝説が非常に多く伝承されている。後醍醐天皇が腰掛けて休んだという美作市作東や真庭市蒜山の休石、天皇が姿を映して嘆いたという勝央町の姿見橋、天皇の脱いだ衣だという美咲町柵原の衣石、天皇が手を洗ったという津山市の御手洗の湯、天皇がこの石の上で御飯を食べたという新見市大佐大井野の御飯石ほか、枚挙にいとまがない（「岡山県大佐町の後醍醐天皇伝説」）。

おもな民話（世間話）

ゴンゴ（河童）　岡山県では河童のことをゴンゴ、ゴーゴ、イエンコウ、カーコウなどと呼んでおり、各地で河童の話が語られている。津山市久米地区には、一学というおじいさんがけがをした河童を助けたところ、お礼に秘伝の骨つぎ術や打ち身薬を教えてくれたという話が伝えられている（『岡山の民話』）。

化け狐　県内では狐に化かされたという話が各地で語られている。那岐山（奈義町）のふもとにかいころ狐と呼ばれる狐の群れが住んでおり、ぞうり、かぶりもの、着物など、手当たりしだい山のねぐらに持って帰り、それを身に着けて人をだましていたという（『岡山の民話』）。

化け狸　ある男が小川で魚を釣っていると、見知らぬ男が毎日やってきて「釣れますか」と言うのでうるさく思っていた。その男の様子が変で狸だとわかったので、「世の中で一番こわいものは何か」と聞くと「犬」と答えた。反対に聞かれたので「大札（紙幣）」と答えて別れた。翌日犬をけしかけるとその男は逃げたが、次の日籠一杯の大札を見せてきた。魚釣男がわざと困った風をすると男が勝ち誇ったように近付いてきたので犬をけしかけて殺し、大金を手に入れた（『御津郡昔話集』）。

Ⅲ　営みの文化編　　133

件

地域の特徴

　岡山県は地震などの自然災害が少なく、降水量1mm未満の年間日数も全国1位ということから「晴れの国」と表現される。

　この岡山県は、古代においては今の岡山県下全域と広島県の東半分を一つとした吉備国であり、全国第4位の大きさの造山古墳（岡山市）・第10位の作山古墳（総社市）に象徴されるように、大和に匹敵する巨大な力をもっていた。しかし、大和政権下に組み込まれていくなかで、7世紀後半、吉備国は東側から備前・備中・備後の3か国に分国され、さらに713（和銅6）年に、備前国から北半分が美作国として分国された。これにより、現在の岡山県を形づくる備前・備中・美作3か国となった。

　備前は中国地方第2の人口規模で政令指定都市岡山市、備中は中核都市倉敷市、美作は津山市をそれぞれ中心としており、江戸時代の支配体制も異なることから、方言や県民性も異なるとされ、現在でもこの3つの地域に分けて岡山県内をみることも多い。

　また、古代からの歴史的なつながりや、新幹線で広島も新大阪もどちらも1時間弱という距離の近さから、中国地方には属しているが、むしろ関西方面や新幹線1本で行ける首都圏の方を身近に感じる県民も多い。

伝承の特徴

　早くから都市化し、空襲の被害も受けた県南（備前・備中南部）よりも、県北（美作・備中北部）の方が多く伝承が残されている。例えば、狐憑きの話などは今でも県北で聞き取ることができる一方で、備中南部の総社市を中心とした陰陽師集団の上原大夫は昭和初期に活動を停止するなど、県南は古いものが残りにくい傾向がある。岡山を代表する鬼である温羅は、大和から派遣されてきた吉備津彦命により退治されるが、その鬼退治をもととする地名や温泉などの由来が備中地方南部を中心に分布している。

また、河童の呼び方については、岡山県独自の呼び方であるゴンゴが備前・美作を中心に残されている。このように、備前・美作のゴンゴや備中南部の温羅伝承など、ある程度旧3か国それぞれにまとまった伝承が多いのが特徴である。しかし、一方では天狗に関する伝承は、天狗の止まり木や祟り、天狗倒しなど、岡山県下全域に広く分布している。

主な妖怪たち

小豆とぎ　岡山にも多くの小豆とぎ・小豆洗いが出没している。岡山市や赤磐市吉井町の小豆洗いは正体が狸といい（『知恵ぶくろ』）、岡山市御津町では小豆洗い狐とよばれていた（『御津町史』）。赤磐市赤坂町の小豆洗いも正体は性のからい（性格の悪い）狐だという（『赤坂町史』）。小豆とぎが立てる音もさまざまで、瀬戸内市の小豆洗いは「一升二升ゴーシゴシ、一升二升ゴーシゴーシ」と言い（『岡山文化資料』2-3）、岡山市瀬戸町の小豆洗いは「ジャキジャキサラサラ」と音をさせた（『瀬戸町誌』）。鏡野町の小豆とぎは夜な夜な「一升二升ときとき、一合二合ときときとき」や「小豆五升に水無しゃゴーシゴシ」と音をさせ（『鏡野町史民俗編』『奥津町の民俗』）、真庭市の小豆洗いは「小豆参升米参升あわせて六升ゴーシゴシ」と音をさせたという。

家化け物　「山陽道美作記巻八」によると江戸時代、津山に播磨屋という家があり、ここには化け物が棲んでいて、いろいろ怪しいことを起こしたという。例えば、夜に狐女が現れ酒瓶をたたいて踊ったり、しばしば2階から女の首や坊主の頭などが出て笑ったり、正月にブリを買って庭に吊っていると、人間の股になったりした。この播磨屋の住人はやがて死亡して家も断絶したという。

オケツ　岡山市での言い伝えに、お産のときに注意しないとオケツという怪物が生まれるという。形は亀に似ており、背中に毛があって、産まれるとすぐに縁の下に駆け込もうとする。素早く殺してしまえばよいが、逃げられると母親の命が絶たれるという恐ろしい妖怪である（『岡山文化資料』2-2）。

髪洗い女　瀬戸内市の二つの川の合流地点に橋があり、髪洗い女が、夜中にその橋の下で髪を洗ったり、「痛い痛い」などと泣きながら櫛で髪をすくという。その場所は、昔女が殺されて流れ着いた場所

ともいわれている。

伽藍さま（がらん）

お寺の境内にいる妖怪で、どこのお寺にもいるという。この伽藍さまはひどくもの惜しみする妖怪で、下駄を履いて歩くと、下駄の歯の間に土がつくが、それすらもったいないと思うほどなので、寺へは決して下駄を履いて行ってはいけないとされた（『岡山文化資料』2-3）。また、岡山のお寺にはシチブという妖怪がいるという。これに噛みつかれると体の七分が腐ることから、シチブといわれる。

件（くだん）

件は頭が人間、胴体が牛の人面獣で、生まれた後に予言をしてすぐ死ぬが、その予言は必ず当たるという。岡山では県北に件の伝承が多く、太平洋戦争の終結を予言したという話が残されている。目撃例もあり、新見市では、ぶよぶよした赤い肌にちらちら毛が生えていたといい（『岡山民俗』16）、岡山市では見世物として件の作り物が展示され、その姿は牛の頭で、目の間に人間の顔があったという。

サガリ

瀬戸内市に馬の首が下がることから、サガリという地名になった場所がある。近くには榎の木に馬の首が下がるところもある（『岡山文化資料』2-6）。

スイトン

蒜山地方（ひるぜん）に伝わる妖怪で一本足、スイーと飛んできてトンと知らない間に近くに来て立っているのでスイトンとよぶ。人の心を読み、人間が考えたり思ったりしたことがわかる妖怪で、人間でも引き裂いて食べたという（『週刊朝日』1962年）。また、蒜山には鼾（いびき）かきという妖怪も出没し、皆ヶ山（みながせん）の3合目から奥には行ってはいけないといわれていたという（『地名ノート』）。

スネコスリ

井原市に井領堂（いろんどう）というお堂がある。現在では市街地だが、かつては旧山陽道沿いの寂しい場所で、ここに夜になると犬の形をしたスネコスリが出て、人々のすねの間をすり抜けた（『井原市史民俗編』）。同じ井原市の神田池の辺りではすねっころがしとよばれ、暗闇に紛れて子どもや老人のすねや足首を引っぱって転倒させるという危ない妖怪であった（『芳井の昔話第一集』）。同じ足もとをくぐる妖怪に股くぐりがいて、これに股をくぐられると取られて居らなくなる（いなくなってしまう）という（『岡山文化資料』2-3）。

チャワンコロバシ

岡山ではいろいろなものが転んでいる。瀬戸内市の片山坂ではチャワンコロバシが出て、坂を茶

碗が転がってくる。それに伏せられると、夜が明けるまで出られないという。瀬戸内市では他にも2か所チャワンコロバシが出るところがあり、そこを通ると茶碗を転ばすような音をさせたという（『岡山文化資料』2-3）。また、深い谷に臼が転がったり（ウスコロビ）、袋が空中より落ちてきて人を転がしたり（ケコロガシ）するという（『現行日本妖怪辞典』）。

宙狐（チュウコ）　旧備前国に出る怪火の呼び名。岡山市豊付近ではありふれたものとされ、夏の夜に、無数の小さい火が地上20mあたりを右往左往しながら飛び回り、やがて消えてしまう。すると「チュウコが寝たから人間も寝るとしよう」といって寝床についたという。また、瀬戸内市のチュウコは大きさが提灯ほど、曇った雨模様の夜中に現れ空を飛んでいるが、地面に降りるときには火が大きく広がり明るくなって、やがて消えるという（『岡山文化資料』2-3）。

ツキノワ　いろいろな禁忌のある田んぼのことで、女人禁制だったり、逆に男性が耕してはいけなかったり、その田んぼを所有する家はマンが悪く（悪いことが起こり）断絶したりするといわれている。美咲町のツキノワは、満月の夜中に田んぼの稲の上に月の光の輪ができるといい、宅地にはしないという。真庭市のツキノワは、マンの悪い田んぼで耕作すると祟りがあるとされ、肥を入れてはいけないとされた。

槌ころび（つち）　江戸時代の地誌「山陽道美作記巻八」によると、津山市の望月坂にたびたび槌ころびが現れて目撃され、あるときには近くのお寺の小僧がこの坂で槌ころびに遭遇し、気絶したという。岡山県内ではその他にも槌ころびが出没しており、奈義町では、夜遅くに通っていると坂の上から槌が転んできたので魔の橋、まばしとよばれるようになった橋があるという（『奈義町滝本の民俗』）。瀬戸内市では垂直に柄のついたテンコロという槌が転がるテンコロコロバシが出た。また、同じく江戸時代の地誌「作陽誌」によると、美咲町にも槌ころびが出て怪をなしたので、村人が今でも恐れていると記されている。

ナガズト　岡山市吉備津神社付近に出た女の妖怪で、顔面は蒼白、口は耳元まで裂け、内股をあらわにした足はぬけるように白く、人並み外れて長いという。黒髪は腰のあたりまであり、人を見ると冷ややかに笑みを浮かべながら髪をとくという。夏の夜に出没したというが、その名前の由来は不明である（『きびつ今昔多知ばなし』）。

Ⅲ　営みの文化編　137

ナメラスジ

ナマメスジ・魔筋（マスジ）・魔道（マミチ）などともよばれ、魔物や妖怪の通り道とされる。その筋に家がかかっていると、その家は滅びるとされ、そこを通るとゾゾッとしたりマンが悪くなったりする（悪いことが起こる）といわれている。その筋は実際の道のこともあるが、道ではなく山や峠も越えて数kmにわたる空間的なもののこともある。美作市のナメラスジは、昔から家を建ててはいけない、樹木を植えてはいけないといわれ、この筋を夜の丑三つ時に、武器などを持った大勢の家来を従えた天狗が、シイシイと声をかけながら往復するという。もしこの行列に出会ったら、寿命が縮み不吉なことが起こるし、家は屋根が飛び木も倒されるという（『上山風土記』）。真庭市のナマメスジはそこに家を建ててはいけない、建てると悪いことが起こるとされ、その筋にある小屋では、夜になると小屋が揺れたり、魔物が出たりするという。美咲町のナメラスジは数km続き、魔物が通る道とされ、そこを通るとゾゾッとして頭の毛が逆立ち、火の玉が飛んだり、夜に鳥が飛んだりするという。

納戸婆（なんどばばあ）

納戸にいる頭のはげ上がった婆姿の妖怪で、ホーッと言って出てくる。その姿を子どもがとても怖がり、納戸に行くのを嫌がったりするが、庭ぼうきをもってたたくと、縁の下へ逃げこんでしまう（『岡山文化資料』2-3）。

ヌラリヒョン

海坊主の一種で備讃瀬戸に出る。頭ほどの大きさの丸い玉が浮かんでいるので、船を寄せて捕ろうとすると、ヌラリとはずれて底に沈み、またヒョンと浮いてくるのでヌラリヒョンという。何度捕ろうとしても、沈んでは浮き上がって人をからかうとされる（『季刊自然と文化』1984秋季号）。

野襖（のぶすま）

「山陽道美作記巻八」によると、江戸時代に津山で通行をじゃまする妖怪が現れた。それが野襖で、夜中に藪の中から1尺（約30cm）ほどの紙のようなものが出てくると、たちまち1間（約1.8m）ほどに広がり、通行人を包んだ。これに遭遇すると、必ず発熱や悪寒を引き起こしたという。

はんざき大明神

はんざきとは特別天然記念物のオオサンショウウオのことで、真庭市にはこのはんざきを祀った神社がある。昔、大きさが10m以上の大はんざきが出没し、付近を通る人や

牛馬を呑み込んで恐れられていたので、村の若者が短刀で退治した。ところがその後、若者の家に夜な夜な戸をたたいて号泣する声が聞こえ、ついには若者の一家が死に絶えてしまったという。それで村人がはんざき大明神を祀るようになったといい、毎年はんざき祭りも開かれている（『湯原町の文化財』）。また県北には、はんざきが捕まえられて売られていくときに、ものを言ったという伝承も残されている。

船幽霊　瀬戸内海の水島灘付近では船幽霊の伝承が多い。夜、水島沖を航海していると、海の底から「杓をくれー、杓をくれー」と言う声が聞こえるので、船乗りは杓を1本海中へ投げ入れた。するとそれが波にとどいた瞬間に、1本の手が投げ入れた杓を握った。と同時に、何千という真っ白な手が海面から出て、それらにも1本ずつ杓が握られていて、楽しそうな歌声に合わせて、何千本かの杓で船の中へ海水を汲み込み始めた。そうしているうちに船はみるみると沈没してしまったという。だから水島沖で「杓をくれ」と言われたら、必ず杓の底をぬいてやらなくてはならないと伝えられている（『伝説の岡山県誌第一編 岡山の伝説』）。また、この船幽霊が出没する近くの島を杓島とよび、この船幽霊は源平合戦のときの平家の亡霊だともいわれている。

見越し入道　津山市には入道坂とよばれる坂がある。「山陽道美作記巻之八」によると1687（貞享4）年6月14日夜中の10時頃、藤八という家臣が使いの帰りにこの坂を下っていたところ、後ろから藤八の顔を触るものがいる。振り返ると背の高さは2mを超え、目が火のように赤い大坊主がいた。藤八はそれを見て気を失ったが、やがて通りがかりの人に助けられたという。そのため、この坂が入道坂と名付けられたという話がある。また、同じく津山市には掻き上りという地名があり、そこには首の長い見越入道が出た。江戸時代の地誌「作陽誌」には、それに遭遇し即死する者があったと書き記されている。

メツマミ　新見市には通行をじゃまする妖怪が出没した。このメツマミは真昼に現れ、通行人が通りかかると、突然目の前が真っ暗になり、黒い袋を頭からすっぽりかぶせられたようになって、まるで金縛りのように前にも後にも動けなくなり、背筋に悪寒が走ったという。しばらくするともとのように目の前も明るくなり、動けるようになるが、当分はそこに近づくことができないくらい恐ろしいという（『ふるさと探訪』）。

Ⅲ　営みの文化編　139

高校野球

岡山県高校野球史

　岡山県では1875年頃に岡山一中（現在の岡山朝日高校）で野球が行われたというが，正式に野球部が誕生したのは，1895年の関西中学（現在の関西高校）が最初である．続いて，岡山一中，津山中学（現在の津山高校），高梁中学（現在の高梁高校），矢掛中学（現在の矢掛高校），金川中学（現在の金川高校）でも創部された．

　1915年の第1回大会の山陽予選には岡山県から関西中学のみが参加，21年には岡山一中が岡山県勢として初めて全国大会に出場した．鳴尾球場で開催された全国大会では函館中学を降してベスト8に進んでいる．しかし，戦前に全国大会に進んだのは，このときのみであった．

　48年の学制改革を機に，予選は山陰両県と一緒に東中国大会を戦うことになった．当時全国屈指の強豪である広島県とは別の地域になったことで，岡山県高校球界は一挙に甲子園への道が広がり，この年は関西高校が甲子園に出場している．

　翌49年夏には倉敷工業が出場，準々決勝では藤沢新六選手が2ホームランを打ち，大会初の1大会3ホームランでベスト4まで進んだ．

　59年から東中国大会は岡山県と鳥取県の2県で戦うことになった．この頃から倉敷工業と岡山東商業が台頭し，県内で2強として活躍した．65年選抜では岡山東商の平松政次投手が1回戦から4試合連続完封，39イニング連続無失点の記録をつくって県勢初優勝を達成した．

　1県1校となった1975年以降，倉敷工業と岡山東商業の2強の出場回数が激減し，代わって，岡山南高校，岡山理大付属高校と新しい高校が台頭してきた．また，79年夏には倉敷商業，82年夏には関西高校が復活している．このうち，岡山南高校は77年の選抜と86年の選抜でベスト4に進んだ．

　90年代に入ると岡山城東高校，関西高校，岡山理大付属高校の3校が実力校として活躍，99年夏には岡山理大付属高校が，県勢10回目のチャレ

ンジで準決勝の壁を突破し，65年春の岡山東商業以来では34年振り，夏の大会では初めての決勝に進出した．

2011年春には創志学園高校が史上初めて創部1年で甲子園に出場した．同年夏には関西高校がベスト4に進み，以後この両校に加えて岡山学芸館高校や倉敷商業などが活躍している．

【秘話】中学野球のリーグ戦

現在，高校野球の大会はトーナメントで行い，大学野球はリーグ戦で戦うという形式がほとんどだ．高校野球では一部の地域で春や秋の地区大会をリーグ戦形式で行うことがあるが，その場合も3校程度の総当たりで県大会進出チームを決めるということが多い．ところが，戦前の岡山県では，大学リーグのような6校による本格的な総当たりトーナメントが開催されていた．

大正時代，隣の広島県では広島商業や広陵中学がすでに全国大会を制し，全国トップクラスの実力を有していたのに対し，岡山県では21年夏に岡山一中が初めて全国大会に出場したというだけで，大きく引き離されていた．そこで広島県に追いつくためにと，23年秋に発足したのが岡山中等学校野球連盟リーグ戦である．

参加したのは，2年前に初めて全国大会に進んだ岡山一中以下，岡山県商業（現在の岡山東商業），吉備商業（岡山商大付属高校），関西中学，岡山黌（廃校），岡山二中（現在の岡山操山高校）の6校．1カ月半をかけて各チーム5試合ずつの総当たりで行われ，5戦全勝の岡山一中が実力どおり優勝した．

リーグ終了後には3割打者とベストナインの表彰式が行われるなど，大学のリーグ戦のような運営である．また，表彰後，ベストナインに選ばれたメンバーが旧制六高と対戦，7－4で勝っている．

このリーグ戦は35年まで春秋の2シーズン行われ，36年からはトーナメントとなった．

III　営みの文化編

主な高校

岡山朝日高 (岡山市, 県立)
春0回, 夏1回出場
通算2勝1敗

　岡山藩主池田光政が開いた仮学館が母体. 1874年岡山城西ノ丸の跡に教員養成の目的で「温知学校」が開設され, この年が創立年とされる. 79年岡山中学校と改称. 85年岡山師範学校と統合して岡山学校中学科となるが, 翌86年再び分離して岡山県尋常中学校と改称. 1901年県立岡山中学校となり, 21年岡山二中の創立に伴い, 第一岡山中学校と改称した. 48年の学制改革で県立岡山第一高校となり, 49年8月の高校再編で岡山第二女子高校と統合して岡山朝日高校と改称.

　21年夏甲子園に出場, 函館中学, 長岡中学を降してベスト8まで進んだ.

岡山学芸館高 (岡山市, 私立)
春1回・夏2回出場
通算1勝3敗

　1962年に西大寺女子高校として創立. 66年に金山学園高校となり, 94年岡山学芸館高校と改称した.

　70年創部. 2001年選抜で初出場. 19年夏には広島商業を降して初戦を突破した.

おかやま山陽高 (浅口市, 私立)
春1回・夏1回出場
通算0勝2敗

　1923年岡山県生石高等女学校として創立. 44年岡山県生石女子商業学校, 46年岡山県生石女子高等技芸学校を経て, 48年の学制改革で山陽工業学校と統合して岡山県生石高校となる. 53年岡山県山陽高校, 2002年おかやま山陽高校と改称.

　1949年創部. 2017年夏に甲子園初出場. 続いて18年選抜にも出場した.

岡山城東高 (岡山市, 県立)
春3回・夏2回出場
通算5勝5敗

　1987年創立. 創立と同時に創部し, 開校4年目の90年夏に甲子園初出場. 2度目の出場となった96年選抜では, 帝京高校, 浦和学院高校, 明徳義塾高校と強豪を次々と倒してベスト4まで進み, 注目を集めた. 2003年春からは2年連続して選抜に出場している.

岡山東商 （岡山市，県立）
春8回・夏11回出場
通算17勝18敗，優勝1回

　1898年岡山県商業学校として創立. 1948年の学制改革で県立岡山商業高校となり, 49年岡山産業高校と統合して, 岡山東高校となる. 52年岡山東商業高校と改称.

　23年創部. 戦後, 岡山東高時代の51年夏に甲子園初出場. 65年春には平松政次投手が39イニング連続無失点の記録をつくり, 決勝の市和歌山商業戦では延長13回にサヨナラ勝ちして初優勝した. 71年夏にもベスト4に進んでいる. 近年は2006年春に出場している.

岡山南高 （岡山市，県立）
春5回・夏5回出場
通算11勝10敗

　1902年岡山市立商業学校として創立. 48年の学制改革で岡山市立商業高校となり, 翌49年県立に移管して岡山南高校となる.

　39年創部. 77年選抜で初出場を果たすと, いきなりベスト4まで進出して注目を集めた. 以後, 87年までに春夏合わせて8回出場, 86年選抜ではベスト4に入るなど, 全国的な強豪校として活躍した.

岡山理大付高 （岡山市，私立）
春5回・夏5回出場
通算7勝10敗，準優勝1回

　1962年岡山電機工業高校として創立. 64年岡山理科大学附属高校となる.

　創立と同時に創部し, 80年春に甲子園初出場. 99年夏には岡山県勢として初めて夏の大会で決勝戦まで進み準優勝した.

関西高 （岡山市，私立）
春12回・夏9回出場
通算22勝21敗1分

　1887年岡山薬学校として創立. 94年関西中学校と改称. 1947年の学制改革で関西高校となる.

　1895年創部と県内で最も古い歴史を誇る. 1948年夏に甲子園初出場. 87年夏に春夏通じて5回目の出場でベスト8に進み, 以後常連校となった. 95年選抜, 2002年選抜, 11年夏とベスト4に3回進出している.

倉敷工 （倉敷市，県立）
春10回・夏9回出場
通算25勝19敗

　1939年倉敷工業学校として創立. 48年の学制改革で倉敷工業高校となる.

　41年創部. 49年夏甲子園に初出場するとベスト4に進出. 以後県内を代

Ⅲ　営みの文化編　　143

表する強豪校として現在まで活躍し続けている．決勝進出こそないが，68年春夏連続を含めベスト4進出は4回を数える．近年では2009年選抜に出場．

倉敷商 （倉敷市，県立）
春4回・夏10回出場
通算8勝13敗

1912年倉敷町立倉敷商業学校として創立し，28年県立に移管．47年倉敷女子商業学校を合併，翌48年の学制改革で県立倉敷商業高校となった．49年に倉敷至誠高校と改称したが，53年倉敷商業高校に復活．

31年創部．58年夏に甲子園初出場．79年夏に2度目の出場を果たすと，以後は常連校として活躍．89年夏と2012年夏にベスト8に進んでいる．OBには星野仙一がいる．

創志学園高 （岡山市，私立）
春3回・夏2回出場
通算2勝5敗

1884年創立の裁縫学校が前身．戦後，岡山女子高校となり，1998年ベル学園高校と改称．2010年共学化して創志学園高校と改称し創部すると，翌11年選抜に史上初めて創部1年での甲子園出場を果たした．16年春に2度目の出場で初勝利をあげ，以後は常連校として活躍．

玉島商 （倉敷市，県立）
春1回・夏3回出場
通算4勝4敗

1926年玉島町立商業学校として創立，29年玉島商業学校と改称．48年の学制改革で町立玉島高校となり，同年10月県立に移管した．49年県立玉島第一高校と統合して総合高校の玉島高校となるが，58年分離独立して玉島商業高校となる．

29年創部．55年夏に甲子園初出場．69年は春夏連続出場し，選抜で徳島商業を延長戦の末に破って初勝利をあげると，夏はベスト4まで進んだ．74年夏にも出場したが，以後は出場していない．

玉野光南高 （玉野市，県立）
春2回・夏3回出場
通算5勝5敗

1984年県立玉野光南高校として創立し，同時に創部．90年春に甲子園初出場，2002年夏には3回戦まで進んでいる．近年では13年夏にも出場している．

㉛岡山県大会結果（平成以降）

	優勝校	スコア	準優勝校	ベスト4		甲子園成績
1989年	倉敷商	13－0	倉敷工	岡山南高	東岡山工	ベスト8
1990年	岡山城東高	3－2	倉敷商	津山工	倉敷工	初戦敗退
1991年	岡山東商	3－0	作陽高	金光学園高	勝山高	初戦敗退
1992年	倉敷商	4－2	岡山南高	津山工	岡山理大付高	初戦敗退
1993年	岡山南高	5－2	津山工	興譲館高	倉敷高	初戦敗退
1994年	関西高	10－3	玉島商	津山工	玉野光南高	2回戦
1995年	関西高	4－1	岡山理大付高	倉敷工	岡山朝日高	3回戦
1996年	倉敷工	8－6	岡山城東高	関西高	山陽高	3回戦
1997年	倉敷商	16－4	津山工	岡山城東高	岡山南高	初戦敗退
1998年	岡山城東高	8－3	関西高	岡山南高	岡山理大付高	2回戦
1999年	岡山理大付高	8－2	岡山城東高	玉島高	倉敷商	準優勝
2000年	岡山理大付高	3－2	倉敷商	岡山城東高	関西高	3回戦
2001年	玉野光南高	3－2	岡山理大付高	関西高	岡山城東高	2回戦
2002年	玉野光南高	7－3	倉敷商	岡山東商	岡山商大付高	3回戦
2003年	倉敷工	10－7	倉敷高	関西高	津山工	3回戦
2004年	岡山理大付高	2－1	関西高	岡山城東高	倉敷商	2回戦
2005年	関西高	3－2	玉野光南高	岡山東商	岡山理大付高	2回戦
2006年	関西高	2－1	岡山城東高	岡山学芸館高	倉敷商	初戦敗退
2007年	岡山理大付高	9－2	玉野光南高	金光学園高	関西高	初戦敗退
2008年	倉敷商	8－3	関西高	倉敷商	玉野高	3回戦
2009年	倉敷商	10－1	玉島商	作陽高	倉敷工	初戦敗退
2010年	倉敷商	6－1	玉野光南高	岡山学芸館高	興譲館高	初戦敗退
2011年	関西高	6－5	金光学園高	岡山学芸館高	作陽高	ベスト4
2012年	倉敷商	4－3	創志学園高	岡山理大付高	関西高	ベスト8
2013年	玉野光南高	5－4	関西高	興譲館高	岡山東商	初戦敗退
2014年	関西高	9－4	岡山理大付高	興譲館高	倉敷商	初戦敗退
2015年	岡山学芸館高	6－5	創志学園高	玉野光南高	倉敷商	初戦敗退
2016年	創志館高	4－1	玉野光南高	おかやま山陽高	倉敷商	初戦敗退
2017年	おかやま山陽高	9－2	創志学園高	興譲館高	関西高	初戦敗退
2018年	創志館高	10－2	岡山学芸館高	倉敷商	東岡山工	2回戦
2019年	岡山学芸館高	2－1	倉敷商	金光学園高	創志学園高	3回戦
2020年	倉敷商	11－1	創志学園高	岡山理大付高	おかやま山陽高	（中止）

注）2017年の決勝は延長11回表1死8－8から降雨コールド再試合

やきもの

備前焼（徳利と猪口）

地域の歴史的な背景

　山陽地方は気候が温暖な地で、日本列島の中で最も暮らしやすい風土が備わっている、といえよう。水田はさほど多くはないが、畑を合わせると農家一戸平均の耕地がそこそこあり、それで自給が可能な土地柄であった。瀬戸内海には魚も豊富で、沿岸や島では半農半漁の生活も定着した。それに、瀬戸内海の海運や山陽道の往来が古くから盛んで、商業地にも適していた。古代以来、町や村が連鎖的に開けた土地柄だったのである。

　土師（例えば、岡山県邑久郡長船町や広島県高田郡八千代町など）とか陶（長船町とか山口市）という地名も山陽筋には点在する。そこで土師器や須恵器が焼かれていたことは想像に難くない。むろん、窯跡や遺品も見つかっている。

　備前では、中世以来、連綿と須恵器系の炻器を焼き続けてきた。近世に釉薬が普及してからも、無釉の焼締め陶器を焼き続けてきた。他には常滑（愛知県）の朱泥のような類似例がなくもないが、六古窯のなかでも稀なことといわなくてはならない。が、近世の備前では、製品の主流は大型の器から小型の器へと変遷した。それは、一般にいわれるところの藩主池田侯の御用の向きがあったせいでもあろうが、それが全ての原因ではない。御用窯の指定を受けていたのはほんの2～3の窯で、後は大衆向けの雑器製造であった。したがって、一般の商品が小型化したことに注目しなくてはならない。

　それは、各窯元が街道を往来する旅人を相手に商売をするようになったからであろう。特に、江戸中期は伊勢参宮に代表される庶民の旅が発達した。そこで、山陽道は東海道に次いで旅人の往来が頻繁な街道となっ

たのである。すると、街道沿いに旅人相手のさまざまな商いが派生するが、備前焼の生産も例外ではない。ちなみに、歴史のある大規模な窯場で主要街道に面しているのは、備前だけなのである。備前焼発達の裏には、庶民の旅の発達があった、といえよう。

主なやきもの

備前焼

　備前市とその周辺で、平安末期から約800年間にわたって焼き続けられている焼締陶器。さかのぼって、中世六古窯の一つとされる。開窯当時の窯は熊山という山中にあったが、室町時代から江戸時代初期には現在の伊部（備前市）に近い山麓に窯が移された。

　備前焼は、須恵器の技術を基礎にして、壺や甕、擂鉢などの焼締陶器を焼いてきた。最も隆盛を極めたのは、室町時代の15〜16世紀頃のことで、特に擂鉢は西日本の市場を席巻した、という。また、早くから茶壺や茶碗、花瓶、水指、花生などの茶陶もつくり、室町後期の茶の湯の勃興に沿ってさらに発展を遂げたのである。この時代には、伊部に三つの大窯が築かれ、木村・森・頓宮・寺身・大饗・金重の6姓が窯元本家となって共同生産と家元制度を確たるものとして栄えた。

　備前焼の特徴は、釉薬を使わないことである。といっても、素焼土器のようにもろいものではない。一般の陶器と同じくらい、あるいはそれ以上の高温で焼締めてある。

　形が崩れず緻密堅硬なものが焼けるのは、原料粘土が良質であることが大きな要因であろう。また、無釉にもかかわらず部分的にやや緑掛かった灰色の艶やかな面がみえるが、これは自然釉と呼ばれるものである。ただ焼締めるだけといっても、その過程における偶然の酸化作用などで自然の模様ができるものもある。こうしたことから、備前焼には陶器面に微妙な変化のあるものが多い。

　製品は、現在も甕や壺、擂鉢などの日常雑器から茶器・花器に至るまで多岐にわたっている。最近では、庶民的な湯呑茶碗や酒器などの小物

Ⅲ　営みの文化編　　147

類も多く焼かれるようになり、盛況である。

虫明焼

邑久郡邑久町虫明で焼かれた陶磁器。備前藩筆頭家老の伊木家が、元文年間（1736〜41年）に開窯した。

窯の所在地や生産形態、陶工、作風などから大きく5期に分けられる。

第1期は、江戸中期の御船入所近くにある伊木家の御庭焼の茶陶である。第2期は、天保年間（1830〜44年）の初期に、地元の今吉吉蔵とその子が播州野田焼（兵庫県）の焼物師を招き、民窯を開いた。これは、池の奥窯と呼ばれ、備前焼風の陶器を焼いたが、伊部の窯元から抗議を受け、岡山藩の命により天保13（1842）年に廃窯となった。

第3期は、伊木家13代の忠澄の御庭焼で、弘化4（1847）年に京都から初代清風与平を招き、半年間にわたり主に古染付や李朝写しの茶碗、赤絵の鉢などの茶陶を焼かせた。後に真葛長造や宮川香山（初代）も来窯し、優れた作品を焼いて虫明焼の名を広めた。特に、十二か月茶碗といって形と絵付の異なる組茶碗や雁文細水指などは、茶人好みの風雅な作品として評価された。また、この時期を代表するものとして、橘楠渓の下絵による染付手付樽がある。樽の上の染付の文字から明治3（1870）年の作とされる。間口窯と呼ばれたこの窯は、明治初期に廃窯した。

第4期は、明治から大正にかけて、忠澄から窯を譲り受けた森角太郎・彦一郎親子によって民窯として続けられた。虫明焼の隆盛を目指したが、大正10（1921）年に彦一郎の死によって廃窯となった。第5期は、大正以降、横山香宝や岡本英山、黒井一楽らの作家が活躍する時期である。主に茶碗や水指などの茶陶をつくり、繊細・優美な従来の虫明焼に素朴な力強さを加えて新たな評価を得た。一時的にブームとなり、特に岡本は虫明焼復興の祖ともいわれている。

現在は、黒井ら数人の陶工が伝統を継いでいる。

閑谷焼

江戸中期に備前市閑谷で焼かれた陶器をいう。延宝5（1677）年に岡山

藩主池田光政が閑谷学校の屋根瓦（備前焼風の焼締瓦）を焼かせた瓦窯が起源、という。聖堂完成後の貞享4（1687）年、そこで用いる祭器を焼くために陶器窯が築かれた。狭義には、この窯で焼かれた祭器や岡山藩用の茶器や細工物を指して閑谷焼と呼ぶ。

　その閑谷焼は、釉薬を施した京焼系のものである。当時、岡山藩は備前焼の保護政策を採りながらも、上絵付の京焼や染付の有田磁器の技術にも注目していた。そして、京焼系の陶工を招き、色絵陶器の製作を試みたといわれる。池田家文書などからは、地元の白土に青磁釉や灰釉掛け、また鉄絵の施された茶碗・皿・向付け・銚子・香炉などが焼かれたことが推測できる。

　閑谷焼は、正徳年間（1711～16年）に閉窯した。

 Topics ● 倉敷民藝館

　倉敷民藝館は、昭和23（1948）年、江戸時代後期の米倉を活用して開館した。その米蔵は、当時、クラレ（倉敷絹織）の社長だった大原總一郎が提供したものである。外壁は、白壁に貼り瓦。屋根は、和瓦の本葺きで、この地方の典型的な土蔵づくりといえる。骨格は松材で、土壁の厚さは20センチにも及ぶ。それは、保存物を火事や風雨、湿気、さらには盗難から守るための工夫といえよう。この建物自体が一つの民芸品として評価されてもいるのだ。

　館内には、日本をはじめとする世界の民芸品（陶磁器・染色品・木工品・石膏品など）が約1万5000点収蔵されており、そのうち800点ほどが展示されている。また、さまざまなテーマの企画展も催される。

　例えば、「東西のやきもの」（平成27〈2015〉年）、「呉須（あお）と藍（あお）」（平成27年）、「陶工金城次郎と沖縄工藝」（平成29〈2017〉年）など。倉敷美観地区の散策の中でお立寄りになることをおすすめしたい。

Ⅲ　営みの文化編　　149

IV

風景の文化編

地名由来

瀬戸内海を支配していた

　岡山県の県域は、かつての「美作国」「備前国」「備中国」を含んでいる。「美作国」は山陽道と山陰道の山間部に位置し、出雲と瀬戸内を結ぶ役割を果たしていた。国府は津山盆地の中心、津山市にあったことが確認されている。

　一方、山陽道沿いの「備前国」「備中国」は、それに続く「備後国」とともに、古くは「吉備国」と呼ばれていた地域である。ところが、この地域の発展とともに細分化が進められ、都に近いほうから「備前」「備中」「備後」と分国されることになった。奈良時代の後半の時期と言われている。

　三国の今の主な都市を示しておこう。

　　　美作国…津山市・美作市
　　　備前国…備前市・岡山市・玉野市
　　　備中国…倉敷市・総社市・高梁市・新見市・井原市

　岡山県は兵庫県などとは違って、とてもまとまりのよい県である。かつての美作国と吉備国のうち備前・備中の部分だけがまとめられたということで、特に大きな地域ごとの軋轢も少ないと言える。

　「岡山県」という県名は「岡山藩」の藩名をそのまま採用して誕生した。この地に最初に城を築いたのは宇喜多直家で、天正元年（1573）のことであった。江戸に入って寛永9年（1632）に池田光政（1609〜82）が鳥取から移封され、岡山は大いに栄えるようになる。池田光政は放水路として百間川を開いたり、児島湾を干拓して広大な新田を開いたりした。さらに、閑谷学校を開いて、庶民の教育の発展に寄与したことでも知られる。

　もともと現在の岡山市の位置は児島湾に面する低地にあり、町の中央を流れる旭川の右岸に「岡山」「石山」「天神山」の3つの山があったとのこと。この「岡山」という名は、この地にあった酒造神の酒折明神を祀る社殿が「岡山」と呼ばれていたことに由来するという。

岡山藩は江戸時代32万石を数える大藩で、明治の廃藩置県以降の統合でも、特に大きなトラブルもなく「岡山県」が誕生した。

とっておきの地名

①牛窓

「牛窓町」はかつて尾久郡にあった町。平成16年（2004）に同郡の「長船町」「尾久町」と合併して「瀬戸内市」になった。牛窓は江戸時代の朝鮮通信使の逗留地として知られ、現代では眺めの美しさから「日本のエーゲ海」とも呼ばれている。

この牛窓には興味深い伝説が語り継がれている。今からおよそ1600年も前のこと。仲哀天皇の御代のことであった。西国の熊襲が三韓と組んで反乱を起こしたので、天皇は大軍を率いてこの地を通りかかった。すると、8つの頭を持つ不思議な怪物「塵輪鬼」が現れて天皇を襲った。怪物は退治したものの、その直後天皇は流れ矢に当たって亡くなってしまった。

天皇亡き後は、神功皇后が代役を務め、無事西国を治めて帰る途中、またまた牛の形をした牛鬼が襲ってきた。すると、白い髪の翁が現れ、牛鬼の角をつかんで投げ飛ばし、皇后を救ったという。この話からこの地を「牛転」と呼ぶようになったという。

その「牛転」がなぜ「牛窓」になったのか。室町時代の話である。中秋の名月をめでる句会を開いていたところに連歌で有名な宗祇が訪れ、こんな句を作ったという。

旅は憂し窓で月見る今宵かな

戦乱で焼け果てた都を憂いて作った句で、この「憂し窓」が「牛窓」になったという。伝説ではあるが、何かを感じさせてくれる町である。

②鬼ノ城

総社市にある桃太郎伝説の地である。鬼ノ城は総社の平地から400メートルの高さに延々3キロメートルにわたって延びている山城である。この山城を舞台にして行われた昔の戦いと桃太郎の鬼退治の話が重なって鬼ノ城という地名が生まれた。その話とは次のようなものだ。

その昔、垂仁天皇の時代のこと。百済の王子温羅が吉備国にやって来て、今の総社市に居城した。温羅は身の丈1丈4尺（4メートル以上）、怒らせると火を吹いて野山を焼き、岩を投げ飛ばすなど、悪事の限りを尽くした

Ⅳ　風景の文化編　153

という。

そこで、朝廷は武勇の誉れ高い吉備津彦命を送り、鬼退治をさせたという。これが桃太郎伝説と結びついた。その戦いのあとを示す地名が今も残る。両者の矢がかみ合って落ちたところから「矢喰宮」。温羅の目に当たっておびただしい血が流れたことから「血吸川」。そして、負けた温羅が鯉に化けて逃げようとしたのだが、命はその鯉を飲みこんでしまったので「鯉喰神社」となったのだという。

鬼ノ城が朝鮮半島からの渡来人の力によって建設されたことはほぼ間違いない事実だし、温羅が百済から来たという伝説は、事実ではないにしても、この伝説を生むもとになる史実があった可能性は極めて高いと言ってよい。

③後楽園（こうらくえん）

日本三名園の1つとして知られる。岡山藩主池田綱政が岡山郡代官津田永忠に作らせたもので、14年の歳月をかけ元禄13年（1700）に完成した。藩主が賓客をもてなした建物を「延養亭」と呼び、庭園を「後園」または「御後園」と称していた。

明治になって一般に開放するに当たって、江戸の後楽園の故事にならって、『岳陽楼記』にある「先憂後楽」（先に憂いて後で楽しむ）にちなんで「後楽園」という名称にした。

一方、同じ名前を名乗っている江戸の「後楽園」は水戸徳川家上屋敷の庭園で、水戸初代藩主が徳大寺左兵衛に造園させたもので、それを受け継いで完成させたのは水戸黄門こと徳川光圀公であった。完成は岡山の後楽園とほぼ同じ時期であった。

「後楽園」という名称は江戸のほうが古いのだが、岡山の後楽園は大正11年（1922）に名勝に指定され、後続の東京の後楽園は翌年指定されたので、岡山のほうは「後楽園」と言っているが、東京のほうは正式には「小石川後楽園」と呼んでいる。

④閑谷学校（しずたにがっこう）

岡山藩主池田光政によって開設された我が国最古の庶民教育の学校。和気郡木谷村延原に学校の建設を進めると同時に、地名を「静かに学べる」という意味で「閑谷」に変えている。講堂が完成したのは延宝元年（1673）で、昭和28年（1953）国宝に指定

された。現在あるのは備前市閑谷で、学校名からできた町名である。頼山陽など著名な学者も訪れ、幕末には大鳥圭介もここで学んでいる。

　明治3年（1870）に閑谷学校は閉校になるものの、明治36年（1903）には私立閑谷中学校（旧制）となり、戦後になって和気高校と閑谷高校が統合されて岡山県立和気閑谷高等学校として発展している。主な出身者に、正宗白鳥（小説家）、三木露風（詩人・作家）、戸田貞三（社会学者）などがいる。

⑤**高梁**（たかはし）　岡山県西部にある都市で、「高梁川」中流域に位置する。もとは単純な「高橋」だったというが、なぜこのような難しい「高梁」という漢字を使ったのか。そこにはある種のからくりがあった。元弘年間（1331～34）、守護職として当地に入った高橋九郎左衛門宗康が、城主の名前と地名が同じなのはよくないと判断して「松山」と変えたのだという。ところが明治になって伊予国の松山（現・松山市）と混同するため、もとの「高橋」に戻そうとした。その際、単純な「高橋」ではなく、同じ「橋」でもイメージの良い「梁」の漢字を使おうとした、というのが経緯である。

　「梁」は橋梁という言葉があるように、左右の両岸に柱を立てて、その上に架けた木の橋を意味する。音読みでは「りょう」だが、魚を捕える「やな」という意味もある。ただ、決定的なのは古代中国で「梁」という国と王朝が存在していたことで、その名にちなんだと考えてよいだろう。

⑥**美甘**（みかも）　「美甘村」は真庭郡にかつて存在した村。平成17年（2005）の大合併で真庭市の一部になっている。これも難読地名である。「みかも」とはたぶん「水鴨」のことであろう。村史では、当地に古代から出雲系統の鴨名のついた神を祀る一団がいたことから「美甘」という地名が誕生したのではないかと考えている（『角川日本地名大辞典　岡山県』）。おそらく、何らかの意味で「鴨」にちなんだものと考えてよいだろう。

　「美甘」はあくまでも美しいイメージの漢字を使ったと解してよい。「甘」は音読みでは「かん」であるので、「かも」とはかなり近い発音である。当地は出雲へ抜ける道すがらにあり、そこから流罪になった後醍醐天皇に「甘酒」をふるまったという話も生まれてくるが、この類の話は聞き流

　　　　　　　　　　　　　　　　　　　Ⅳ　風景の文化編　155

ておこう。

⑦**矢掛**
　「矢掛町」は岡山県南西部に位置し、旧山陽道の宿場町として知られる。地名の由来は、古代清流に家屋の影が美しく映っているのを見て「屋影」「屋陰」と呼んだのがはじまりとされる。戦国期になって矢尻生産が盛んになり、矢を掛く意味で「矢掛」と書くようになったとされる（『角川日本地名大辞典 岡山県』）。

　地名は、今川貞世の紀行文に「屋陰といふさとにとゞまり侍ぬ」とあるのが最初だという（応安4年）。もとは家屋の影の美しさから始まったものが、後に「矢」にまつわる転訛をなしたものであろう。

難読地名の由来

a.「首部」（岡山市）**b.**「宍甘」（岡山市）**c.**「百枝月」（岡山市）**d.**「宍粟」（総社市）**e.**「書副」（久米郡美咲町）**f.**「邑久」（瀬戸内市）**g.**「和気」（和気郡和気町）**h.**「鯰」（美作市）**i.**「鉄山」（真庭市）**j.**「千躯」（赤磐市）

【正解】
a.「こうべ」（吉備津彦に敗北した温羅の首を晒したという伝承がある）**b.**「しじかい」（古代朝廷が猪、鹿を飼育するために置いた宍甘部に由来する）**c.**「ももえづき」（八方へ枝を広げた槻の木（ケヤキの古称）があったことによる）**d.**「しさわ」（宍はシシで、四足の動物、粟は「沢」の転訛と考えられている）**e.**「かいぞえ」（書類を作る際、小さな地域だったので書き忘れて、あわてて「書き添えた」というエピソードが残る。実際は「垣」の近くを意味するか）**f.**「おく」（古代よりある邑久郡より。以前は「大伯」「大来」とも書かれ、大きな地区を意味していた）**g.**「わけ」（「別の渡」と呼ばれ吉井川の渡しとして栄えた）**h.**「なまず」（文字通り鯰が獲れたという）**i.**「かねやま」（製鉄にちなむ）**j.**「せんだ」（製鉄にちなむか）

商店街

倉敷美観地区（倉敷市）

岡山県の商店街の概観

　岡山県には2015年現在15市があるが、人口10万人以上の都市は政令指定都市の岡山市（約72万人）、倉敷市（約48万人）、津山市（約10万人）の3市のみである。岡山市には城下町の商人町を起源とし、中心商店街をなす県下最大の「表町商店街」がある。倉敷市も水主集落を母体に代官所所在地として形成された町場を起源とする「本町商店街」と倉敷駅方面に伸びる「えびす通り・えびす商店街」や「センター街」が中心商店街を形成する。県北の城下町津山市にも、「一番街」「銀天街」「元魚町」など城下町起源の中心商店街がある。高梁市も城下町であるが、商人町であった本町ではなく駅の設置以後形成された高梁栄町が中心街となった。現在、本町通りは町並み保存地区に指定され、市の補助を得て修景整備が行われているため、江戸時代の商人町の風情を感じることができる。

　デパートは、岡山市では「表町商店街」と岡山駅前に、倉敷市では倉敷駅前に、津山市では中心部の再開発ビルにそれぞれ店舗があり、商店街の核となっているが、消費者ニーズの変化に対応できなかったデパートの撤退も見られるようになった。また、郊外への大規模ショッピングセンターの立地やロードサイドショップの増加は、中心商店街の空洞化を招き、いわゆるシャッター街化が進行することにつながった。さらに岡山市では岡山駅前に都市型大規模ショッピングセンターが立地し、人の流れを変えることで既存の商店街に大きな影響を与えるようになった。

　ところで、広域合併で市域を拡大した岡山市や倉敷市には、旧西大寺市に「五福通り」「市場町」、旧児島市に「味野商店街」、旧玉島市に「通町商店街」などがそれぞれ中心商店街をなしていた。現在はいずれもシャッター街となっているものの、看板建築をはじめとする昭和レトロを感じさせる建物が多く残っており、西大寺の五福通りや玉島通町の商店街は、映

【注】この項目の内容は出典刊行時（2019年）のものです

画『ALWAYS 三丁目の夕日』などのロケ地にもなっている。

　本文には取り上げられなかったが、行ってみたいユニークな商店街として、倉敷市の「児島ジーンズストリート」や岡山市の「奉還町商店街」がある。「児島ジーンズストリート」は、国産ジーンズ発祥の地「児島」の宣伝と「味野商店街」の賑わい再生を目指して、地元ジーンズメーカーの販売店を商店街へ集積させたもので、飲食店などの立地も進み、新たな観光スポットとなっている。「奉還町商店街」は、明治維新後に奉還金を得た士族が商売を始めたことから旧山陽道に沿って成立した商店街である。士族の商法はうまくいかず大半は撤退したが、現在も1軒だけ種苗店が営業している。第2次世界大戦後、県庁が一時移転してたいそう賑わった時期もあったが、再移転後は人通りが減少した。近年は空き店舗も増加しているが、飲食店や周辺の野菜を販売するアンテナショップ、福祉団体の出店など、空き店舗への出店が進められ、「がんばる商店街77選」にも選ばれている。

　県内には「がんばる商店街」に選ばれた3商店街があるように、活性化のための取組みを続けている。観光客対象の店舗を有する商店街だけでなく、地元消費者対象のニーズに応えられる商店街の構築が期待される。

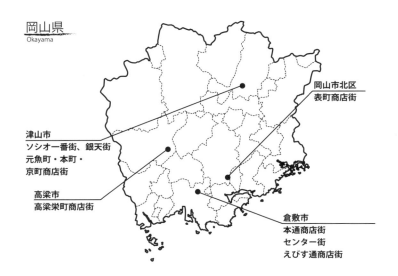

行ってみたい商店街

表町商店街（岡山市北区）
―県都の中心商店街―

　岡山市の中心商店街の名称。岡山は1573年に宇喜多直家が本拠を岡山に移してつくった城下町で、57万石の大名となった秀家の時代に本格的な城下町が建設された。この時、城下町を通るように山陽道を移設し、道沿いに商人町を配置したのが現在の表町商店街である。現在は表町1〜3丁目となっているが、以前は上之町、中之町、下之町、栄町、紙屋町、西大寺町、新西大寺町、千日前から構成され、表八カ町と呼ばれていた（1903年に命名）。当初は千日前ではなく橋本町（現・京橋町）が加わっていた。

　JR岡山駅（1891年開業）から東へ約1km行くと、表町商店街のアーケードが見える。入口付近には岡山シンフォニーホールがあり、ランドマークとなっている。このあたりが上之町で、南に向かい最初の信号を越えると中之町となる。時計、カメラ、宝飾、婦人服などの買回り品を扱う店が多い。県庁通りを越えると下之町となり、岡山を本拠とする天満屋百貨店（1936年新店舗開業）があり、商店街の核店舗となっている。バスターミナルが併設され、郊外から多くの路線が集中している。付近には老舗で高級ブランド品を扱う時計店をはじめ靴、鞄、呉服、ブティックなどが集まり、表町商店街で最も賑わいがある。

　あくら通りを越えると栄町、その先が紙屋町となる。婦人服・洋装店、楽器店などに混じってカフェや雑貨店が立地しているが、空き店舗も目立つようになる。しばらく進むと時計台のある十字路に出る。東は旧山陽道に沿う西大寺町、西は新西大寺町で、ともに商人の出身地「西大寺」の名がついている。この界隈は昔からの楽器店、洋装店、書店もあるが、最近は飲食店が増加している。南に進むと千日前で、かつては4つの映画館が立地し、飲食店も多数集まる岡山一の娯楽街であった。現在、映画館はすべて閉館、駐車場に変わっており、当時の面影も忍ぶことは難しい。なお、アーケード南入口には木下サーカスの本社がある。

　さて、新幹線の岡山開業（1972年）後は、駅前に高島屋百貨店（1973年開業）など大型商業施設が立地し、新たな商業地区が形成された。しかし、ドーナツ化現象や自家用車利用による消費行動の変化は、表町商店街にも空き店舗を生じさせるようになってきた。これに対応して、城下に大

Ⅳ　風景の文化編　　159

規模の地下駐車場やシンフォニービルの建設、カラー舗装、クレド岡山（1999年開業）などの再開発・整備を進め、魅力づくりに努めてきた。また、表町商店街の一筋東の道を「オランダ通り」として整備し、専門店や人気飲食店が集まるなど新たな魅力を生み出している。

表町商店街の時計台
（奥へ伸びるのが旧山陽道）

　一方、2014年には都市型ショッピングセンターとしてイオンモール岡山が岡山駅近くに立地し、消費者行動に大きな変化が生じている。「新・がんばる商店街77選」に選定された表町商店街も、地区の大型店と連携し、不足業種の空き店舗への誘致など、さらなる魅力づくりを進めている。

本通商店街、センター街、えびす通商店街（倉敷市）
―美観地区に隣接する商店街―

　倉敷市美観地区付近にある商店街の名称。倉敷は1642年に幕府領となり、1746年幕府代官陣屋が新設された（現在のアイビースクエアの地）が、それ以前から水主役を課された水主屋敷を中心として16の町割りのある町場が発達し、商人や職人が住み、定期市も立つ在町的存在であった。

　JR倉敷駅前の国道429号線を南に越えると、アーケードのあるセンター街に出る。BIOS（ビオス）と書かれた入口と、やや左手に倉敷センター街と書かれた入口があり、商店街は十字に交差したエリアで構成されている。中心には来街者用の休憩所「ビオス憩いの広場」がある。呉服、婦人服など専門店も残るが、駅に近いこともあって飲食店が多い。この通りの東には百貨店の天満屋倉敷店が立地していたが、駅前の旧そごう跡に移転後は駐車場となっている。

　センター街の途中の交差点を南に向かうと、倉敷えびす通商店街と倉敷えびす商店街となり、美観地区への道筋となっている。呉服、婦人服、靴、茶道具などの専門店や飲食店が軒を連ねるが、シャッターが降りている店舗も多い。美観地区に近づくと、デニム製品、備前焼、吹きガラスなどを扱う観光客を対象とする店舗が増加する。アーケードが途切れると本通商店街となり、古い街並みが続く。この通りには老舗の茶道具店や自転車、

メガネ、婦人服など地元客対象の店のほかに、民芸品やアクセサリーなど観光客対象の店舗も多い。その中心にあるのが、1657年創業の薬屋「林薬品」の店舗を改装した「林源十郎商店」で、デニム製品、生活雑器、リビング用品の店のほか、飲食店が入居している。

　美観地区に向かう小路の角には、登録有形文化財の中国銀行倉敷本町支店（1922年竣工、2016年閉店）がある。この付近から東町にかけて古い街並みが続き、森田酒造（予約で酒蔵見学可能）、伝統的建物の1つである吉井旅館や人気の古民家カフェ「有鄰庵」がある。

　一方、1999年には市街地北西部の工場跡地にイオンモール倉敷、2010年には倉敷駅北のチボリ公園（2008年閉園）跡地に「三井アウトレットパーク倉敷」とショッピングセンター「アリオ倉敷」が開業し、既存商店街に大きな影響を与えるようになった。多くの観光客が訪れる美観地区と駅北商業施設との間にある立地を活用した商店街の再構築が求められる。

ソシオ一番街、銀天街、元魚町・本町・京町商店街（津山市）
―県北の城下町の中心商店街―

　津山市の中心商店街の名称。津山の市街地は、1603年に森忠正が18.6万石で美作に入封し、つくられた城下町が起源となっている。商人町は城郭の南を東西に通過する出雲街道に沿って配置され、それが現在の中心商店街となっている。美作一円を商圏としたこともあり、地方の10万人都市としては立派なアーケードを備えた商店街を形成している。

　JR津山駅から北に向かい、吉井川にかかる今津屋橋を渡り、少し進むと京町交差点に出る。その東西に中心商店街がある。ソシオ一番街は、京町交差点からアルネ津山までの全長約200mのアーケード街である。以前は津山一番街と呼ばれていたが、1994年のアーケード改修を機に、イタリア語で「仲間」を意味する「ソシオ」と命名された。軒高で明るいアーケードであるが、人通りは多いとは言えない。

　この商店街の西端にあるアルネ津山は、津山市中心市街地活性化基本計画により1999年に建設された複合型商業施設で、岡山市が本拠の百貨店天満屋津山店を核店舗とし、市立図書館などの公共施設が入居している。アルネ津山の北には銀天街が続く。津山でいち早くアーケードを設置し、1975年には改修により天井に鏡のように反射する素材を使用したことから、銀天街と命名された。しかし、アルネ津山の建設で、商店街は大幅に縮小されている。郵便局から北に元魚町商店街、西に本町2丁目（二番街）・

3丁目のアーケード街が続く。本町3丁目には1785年創業の茶店や江戸時代の商家を利用した複合施設「バール横丁」がある。

京町交差点の東は、京町商店街、城南商店街を経て城東町並み保存地区に至る。重要伝統的建造物群保存地区に指定されており、津山洋学資料館や商家、箕作阮甫の旧宅などがあり、散策にふさわしい。

近年は市街地の東部と西部に郊外型ショッピングセンターが立地したため、中心商店街の地位低下が著しい。かつては市街地にも高島屋津山店やニチイなど大型店が立地していたが、いずれも1990年代に閉店している。現在市内の6商店街が「にぎわい商人隊」を発足させ、賑わいの創出に努めており、これらの取組みから「新・がんばる商店街77選」に選定されている。

高梁栄町商店街（高梁市）
―城下町備中高梁に形成された新しい商店街―

高梁市にある駅付近の商店街の名称。高梁市の中心市街地は、天空の山城として知られる備中松山城の城下町を起源とし、1744年から幕末まで板倉家が統治した。通常、城下町起源の中心商店街は町屋地区に成立するが、高梁栄町商店街は伯備南線の開通と備中高梁駅の設置（1926年）に伴って成立した新しい商店街である。

高梁栄町商店街は、JR備中高梁駅前通りを西に約100mのところにある信号から、北に約300m続く商店街で、その約250mにアーケードが設置されている。アーケード手前にはビジネスホテルや旅館が立地している。アーケードに入ると、生鮮食品を扱うスーパーマーケットや、和菓子、洋服、婦人服など買回り品を扱う店舗が並んでいる。北にしばらく進むと、東側に地元で人気のケーキ・パン製造販売店がある。途中には高齢者・障がい者・住民の触れ合いサロン「まちかど広場」や訪問介護センターもある。アーケードを抜けると西側に老人保健施設ゆうゆう村があり、高齢化している地域の状況を見ることができる。また、吉備国際大学の開学（1990年）でワンルームマンションも多く見られるようになっている。

商店街の機能は、市街地南部の中原町にポルカ天満屋ハピータウン、高梁川の対岸の落合町にゆめタウン高梁が開店（1990年）した影響を受けて、大きく低下しているが、空き店舗リニューアル事業により飲食店の立地が増えている。城郭や映画撮影地を訪れる観光客も増加しており、さらなる取組みが期待される。

花風景

鷲羽山のコバノミツバツツジ

地域の特色

　瀬戸内海に面する山陽地方に位置し、北から南へ中国山地、津山・勝山盆地、吉備高原、岡山平野などが帯状に段差をなし、南端に児島半島がある。河川が瀬戸内海に流れ、沖積平野を形成し、岡山が発展した。瀬戸内海には多数の島々がある。山地を覆う春のモモの花も美しく、ブドウのビニールハウスの風景も面白い。古代は吉備の国として栄え、古墳や建築物の遺構などを残している。近世には名君の大名池田光政が岡山城に入り、その後の岡山繁栄の基盤をつくった。瀬戸内海の暖温帯の気候となっている。

　花風景は、近世の城郭跡のサクラ名所、宇宙旅行をしたサクラ、古代の遺構を残す場所に咲くなりわいの花、観光地の花畑、瀬戸内海らしさを告げる花木、里地里山や湿原の草花など多彩であり、物語もある。

　県花はバラ科モモ属の落葉樹のモモである。主な花風景でも後述するが、ひな祭りを桃の節句というように、早春に淡い桃色や紅色などの花を枝いっぱいにつける。かつてモモの果実生産量が全国第1位であったが、今は順位を落としている。しかし、ブドウと共に県を代表する果物であり、桃太郎伝説ゆかりの地としても、岡山とモモは強く結びついている。

主な花風景

鶴山公園のサクラ　＊春、日本さくら名所100選

　鶴山公園は岡山県の北部・津山市にある。津山城跡にある公園で1,000本ほどのサクラが石垣や2005（平成17）年に完成した備中櫓をバックに咲き乱れる様は美しい。津山城は織田信長に仕えて本能寺の変で討ち死にした森蘭丸らの末弟の森忠政が、美作一国18万石余を受封した翌年から鶴山に築城した平山城である。10年以上の歳月をかけて1616（元和2）年に一応の完成をみた。城は「鶴山城」とも呼ばれた。1874（明治7）年から翌年

凡例　＊：観賞最適季節、国立・国定公園、国指定の史跡・名勝・天然記念物、日本遺産、世界遺産・ラムサール条約登録湿地、日本さくら名所100選などを示した

には、石垣を除き、五層四庇の天守閣などの建物や門など全てのものが取り壊されたが、1900（明治33）年には旧津山町営の鶴山公園として開放された。公園面積は約8.5ヘクタールである。

　サクラの植樹に中心的役割を担ったのが1905（明治38）年に津山町議として初当選した福井純一である。私財を投じ、寄付集めに奔走したと伝えられている。サクラの本数が増えて、07（同40）年頃には公園としての様相が一通り整った。さらに15（大正4）年と28（昭和3）年には二度の御大典記念植樹が行われ、城跡が一面のサクラで覆われるようになったといわれている。

旧落合町吉念寺の醍醐桜のサクラ　＊春

　2005（平成17）年に真庭市の一部となった旧落合町は岡山県の北西部にある。吉念寺の集落から坂道を登り切った標高440メートルほどの丘の上に周囲を見渡すように1本だけ立つのが醍醐桜で、樹種はエドヒガン（アズマヒガン）である。おおよそ樹高は18メートル、枝張りは20メートルもあり、その姿には風格が漂う。春になると、濃い紅色の小さな花を纏い、よりいっそう凛とする。醍醐桜の名は後醍醐天皇の名に由来する。1332（元弘2）年、京の都から隠岐へ流される際、このサクラを称賛したと伝えられている。

　2008（平成20）年、地元にある別所小の児童が拾った種は、同年11月にスペースシャトルに乗った。種は国際宇宙ステーションの実験棟「きぼう」で保管され、09（同21）年7月に宇宙飛行士の若田光一と共に地球に帰ってきた。その後、10本の苗木が育ち、1本は真庭市役所本庁の敷地内に植えられて、14（同26）年に初めて花を咲かせた。

藤公園のフジ　＊春

　藤公園は岡山県東部・JR和気駅北東3キロほどの和気町藤野にあり、1985（昭和60）年に開園した。藤野の名の通り、かつてはフジが咲き乱れる場所だったという。

　藤公園には、国・県・市町村指定の天然記念物79種類を含む98種類以外に海外からきたフジも植えられている。北海道から鹿児島県まで46都道府県の他、中国と韓国から集められた全体の種数は約100種類となり、種

類の多さから「日本一の藤公園」として宣伝されている。花の房の長いものから短いものまで形態はさまざまである。花の色も紫からピンクや白いものまでさまざまなものが幅7メートル、高さ2.5メートル、総延長500メートルの藤棚を彩る。藤棚の下は通路となっており、藤を仰ぎながら、時には長い房をかき分けながら約150本のフジを楽しめる。

藤公園は、この地で生まれ、平安遷都の推進や造営などで知られる和気清麻呂の生誕1250年を記念して整備された。広さは0.7ヘクタールほどである。

備中国分寺のレンゲ　＊春、重要文化財

吉備路は、一般に岡山市北西部から総社市にかけての一帯の総称とされる。春になると吉備路のシンボルである備中国分寺の五重塔を背にして、レンゲの花が絨毯のように一面に広がる。今から30〜40年ほど前、化学肥料の普及により見られなくなったレンゲ畑の風景を復活させたいとの地元の人々の願いから、周辺の農家の協力を得てレンゲの種まきが始められた。当初の規模は0.5ヘクタール程度だったという。

風景の中心となっている五重塔は1844（弘化元）年頃に完成したといわれ、五重塔として重要文化財に指定されている県内唯一のものである。備中国分寺は奈良時代に仏教の力で天災や飢饉から国を守ることを目的として聖武天皇の発願によって全国に建立された国分寺の一つである。中世には衰退し、江戸時代中期に日照山国分寺として復興した。五重塔をはじめとして現存する伽藍は全て江戸時代に建てられたものである。

この周辺一帯は吉備路風土記の丘県立自然公園に指定されている。備中国分寺跡、備中国分尼寺跡の他、5世紀前半につくられた全国でも4番目に大きな全長360メートルの前方後円墳である造山古墳などが指定地域内にある。見どころを経由するように整備されている吉備路自転車道は、総社市スポーツセンターから岡山市の岡山県総合グラウンドまでの約21キロの自転車・歩行者の専用道路であり、「日本の道100選」にも選ばれている。

笠岡湾干拓地の花畑　＊春・夏・秋

笠岡湾干拓地は岡山県の西部にあり、花畑は2011（平成23）年にオープンした道の駅笠岡ベイファームに隣接する。

Ⅳ　風景の文化編　　165

春には1,000万本のナノハナや1,000万本のポピー、夏には100万本のヒマワリ、そして秋には3,000万本のコスモスが訪れた人々を出迎えてくれる。

　笠岡湾の干拓の歴史は江戸時代初期の新田開発に始まったと伝えられ、近世を通じて造成された約300ヘクタールが笠岡市の基盤となっている。1958（昭和33）年には105ヘクタールの国営旧笠岡湾（富岡）干拓地が造成された。花畑の広がる土地は66（同41）年に始まり90（平成2）年に終了した国営笠岡湾干拓建設事業で整備された農業用地1,191ヘクタールの一部である。島遍路や神島天神祭で知られた神島は、70（昭和45）年には神島大橋により本土とつながっていたが、事業が終了している現在では完全に陸続きとなっている。干拓地内には、近隣の農産物を大消費地に空輸するために飛行場（笠岡ふれあい空港）があり、防災拠点やスカイスポーツやさまざまなイベント会場としても利用されている。

　一方で、干拓により天然記念物に指定されていた生江浜のカブトガニの繁殖地が陸地化したため、1971（昭和46）年、生江浜の南側の神島水道海域が追加指定された。節足動物のカブトガニは、幼生時に古生代カンブリア紀に登場して大繁栄したものの、古生代末期には絶滅した三葉虫に似ていることもあり、「生きた化石」といわれている。

吉備丘陵の白桃のモモ　＊春

　「吉備丘陵の白桃」は2001（平成13）年に環境省が選定した「かおり風景100選」の一つである。なだらかな丘陵地に広大な桃畑が広がり、毎年3月下旬から4月上旬にかけて一面がピンク色に染まる。特に岡山市一宮地域（一宮山崎・佐山・芳賀など）、倉敷市玉島地域（玉島八島など）、そして本宮高倉山の麓（赤磐市鴨前など）が知られている。

　岡山でモモの栽培が本格的に始まったのは明治の初めの頃とされ、1901（明治34）年に大久保重五郎が育てた品種が実の色から「白桃」と名付けられて公表された。32（昭和7）年には岡山を代表する優れた品種「清水白桃」が「白桃と岡山3号の混植園の中の実生」（有岡利幸〈2012〉）から西岡伸一により発見された。岡山では多くの白桃系品種が栽培されているが、地域団体商標として登録されている「岡山白桃」は岡山県産の白桃の総称である。白い気品のある肌の仕上がりは丁寧な袋掛け作業の結晶である。収穫するまで風雨や害虫などから守られ、また、日光が遮られることで繊維質

の発達が抑えられて口当たりが滑らかになるという。

　岡山市北区の芳賀佐山団地付近の県道238号沿い新池の畔には「清水白桃発祥の地」の碑が立つ。磐梨郡弥上村山ノ池（現岡山市東区瀬戸町塩納）には大久保重五郎の顕彰碑が、赤磐市可真上の旧可真小学校跡（現赤磐市熊山老人憩いの家）には岡山県果樹振興の祖とされ大久保が師事して果樹栽培を学んだ小山益太と大久保両名の顕彰碑が建てられている。小山益太は1861（文久元）年、磐梨郡稗田村（現赤磐市稗田）に生まれた。「金桃」「六水」の2品種のモモを生み出したほか、防虫剤として全国で広く使用された「六液」を考え出したことなどで知られる。大原孫三郎からの評価も高く、1914（大正3）年に大原奨農会農業研究所（現岡山大学資源植物科学研究所）の創設時に招かれた。小山は果樹園をつくり、実地指導を行うとともに農家への技術指導も行った。24（同13）年の小山の没後、大原孫三郎は果樹園の名前を小山の雅号から楽山園とした。その功績を讃えて35（昭和10）年には、大原家により楽山園の中に顕彰碑が建てられた（現在、顕彰碑は岡山大学資源植物科学研究所敷地内に移設されている）。

鷲羽山・王子が岳のコバノミツバツツジ　　*春、瀬戸内海国立公園、名勝

　岡山県の南部に位置する鷲羽山や王子が岳は瀬戸内海国立公園に指定され、備讃瀬戸を代表する第一級の展望地としても知られている。春になるとコバノミツバツツジの花が風景に彩りを添える。コバノミツバツツジは本州（静岡県・長野県以西）・四国・九州（北部）に見られる。また、瀬戸内海沿岸域を代表するツツジでもある。落葉性の低木で、通常、葉が出る前に赤紫色の花を咲かせる。葉は「ミツバ」のとおり3枚一緒に枝先につく。

　瀬戸内海国立公園は1934（昭和9）年に雲仙（現雲仙天草国立公園）、霧島（現霧島錦江湾国立公園）と共に指定された日本初の国立公園である。当初、瀬戸内海国立公園の候補地は小豆島、屋島、五剣山であったが、倉敷出身で国立公園の父とされる内務省嘱託の林学博士田村剛や地質学の理学博士で東京帝国大学脇水鉄五郎が鷲羽山から展望する多島海景を屈指の風景地として高く評価した。この発見こそが瀬戸内海国立公園を誕生させたのである。

Ⅳ　風景の文化編　　167

鏡野町のカタクリ　＊春

　鏡野町は岡山県北部のほぼ真ん中に位置する。カタクリの自生地は同町の西側、2005（平成17）年に鏡野町の一部となった旧富村大地区にある。自生地には約0.5ヘクタールに5,000本ほどが群生し、春を迎えると赤紫色の可憐な花が咲き誇る。カタクリはユリ科の多年草で、1本の花茎の先に花を一つ下向きに付ける。

鯉ヶ窪湿原の湿性植物　＊春・夏・秋、天然記念物

　鯉ヶ窪湿原は岡山県西部、新見市哲西町矢田地区にある。標高約550メートル、1694（元禄7）年に農業用ため池としてつくられた鯉ヶ窪池の周辺に湿原が広がる。「西の尾瀬」とも称され、貴重な生態系を有する中間湿原では、約350種もの植物が生育している。リュウキンカ、サワオグルマ、ヒツジグサ、ハンカイソウ、ノハナショウブ、オグラセンノウ、サワギキョウ、ビッチュウフウロ、ミコシギクなど、湿原を彩るさまざまな季節の花を楽しむことができる。

　鯉ヶ窪湿原は1980（昭和55）年に「鯉ヶ窪湿性植物群落」として天然記念物に指定されたが、21（大正10）年に小坂弘によって紅色の鮮やかな花をつけるオグラセンノウが採集されたことから注目されるようになり始めた（この時採集されたものは、31（昭和6）年に吉野善介によってオグラセンノウと確認された）。オグラセンノウは、大陸系遺存植物と呼ばれるもので、朝鮮半島と陸続きであったことを示す貴重な植物である。

　鯉ヶ窪湿原は環境省により、生物多様性の観点から重要度の高い湿地（重要湿地）の一つに選定されているほか、同省が全国にわたって1,000カ所程度設置したモニタリングサイトの一つでもある。わが国の多様な生態系の動向を把握するため、森林・草原、里地、湿原など生態系のタイプごとにモニタリングを行うために設けられている。長期間にわたり、基礎的な環境情報を継続して収集し、日本の自然環境の変化を早期に把握することが目的である。

公園／庭園

岡山後楽園と烏城

地域の特色

　岡山県は、中国地方の瀬戸内海に面する山陽地方に位置し、北から南へ中国山地、津山・勝山などの盆地、吉備高原、岡山平野が帯状に段差をなし、南端に児島半島がある。中国山地から吉井川、旭川、高梁川の三大河川が瀬戸内海に流れ、沖積平野を形成し、旭川河口に岡山が発展した。瀬戸内海には多数の島々があるが、岡山県（備前）と香川県（讃岐）の間の備讃瀬戸の島々はほぼ香川県に属し、東の日生諸島と西の笠岡諸島が岡山県に属する。中国山地は兵庫県、鳥取県、広島県などを貫くが、東の兵庫県境の後山が岡山県の最高峰であり、中央の鳥取県境には大山火山群の蒜山があり、山麓に高原をつくっている。児島周辺は古くは綿、菜種、その後藺草の一大生産地であったが、今はビール用のオオムギの広大な畑に変貌している。オオムギが実る初夏の麦秋は美しい。また、山地を覆う春のモモの花も美しく、ブドウのビニールハウスの風景も面白い。

　古代は吉備の国として栄え、古墳や建築物遺構などを残している。近世には大名池田光政が岡山城に入り、新田開発、塩田開発、河川改修などに力を入れ、名君と呼ばれる。牛窓・下津井などの塩田と港の発展、儒学陽明学の熊沢蕃山登用による治山治水、日本三名園の後楽園の造営、庶民教育のための藩校閑谷学校の創設などその後の岡山繁栄の基盤をつくった。倉敷は天領として栄え、今も運河と土蔵の町並みを残し、近代には紡績業が興り、美術館設置など文化都市にもなった。高度経済成長期には水島などに重化学工業のコンビナートが生まれた。当時は大気汚染・水質汚濁の公害の元凶となったが、今はライトが輝く美しい工場夜景として人気を集めている。

　自然公園は瀬戸内海と蒜山の国立公園を主として、都市公園は歴史的遺構や豊かな水流を利用したもの、庭園は日本三名園の大名庭園などが特徴的である。

凡例　🟢自然公園、🔴都市公園・国民公園、🟡庭園

主な公園・庭園

目 瀬戸内海国立公園鷲羽山　＊名勝

　瀬戸とは狭門・迫門・湍門で海峡を意味し、瀬戸内海とは瀬戸に囲まれた内海をさしている。瀬戸内海は近畿から九州におよぶ紀淡海峡、鳴門海峡、関門海峡、豊予海峡によって外海と隔てられた海域をいい（法律によって区域の定義は若干相違）、瀬戸内海国立公園はこの一部を指定したもので、陸域は飛地で少ないが、海域を含めるとわが国最大である。わが国最初の国立公園の一つとして1934（昭和9）年に備讃瀬戸に局限して誕生した。戦後、東西に大幅に拡張され、現在の区域となった。

　瀬戸内海の風景は近代19世紀の欧米人によって賞賛された。明治時代、欧米人の絶賛を知って、日本人も鼻高々となる。しかし、欧米人が賞賛した風景と日本人が国立公園にした風景は微妙に異なっていた。欧米人は船舶から眺める動的なシークエンス景観を評価したが、日本人は島々が浮かぶ庭園のような静的なパノラマ景観を評価することとなる。名所旧跡、白砂青松、照葉樹林、渦潮の瀬戸などではなく、俯瞰する多島海を瀬戸内海の表徴として意味付け、価値付けたのは東京帝国大学教授で地質学の理学博士脇水鉄五郎と内務省嘱託で造園学の林学博士田村剛であった。彼らは多島海を船で巡るシークエンス景観ではなく、展望地から広闊に俯瞰するパノラマ景観を重視した。脇水は展望地の高さと島嶼の見え方について分析して、小さい島嶼が適度に分散して眺められなければならないと考えていた。1929（昭和4）年、脇水は鷲羽山（133m）から展望する備讃瀬戸の絶好の風景を発見する。翌30（昭和5）年、田村もまた鷲羽山から展望する多島海に魅入られ、多島海景観を大観するためには展望地が重要であると確信し、これから生みだす国立公園の核心部を得たと自信をもった。31（昭和6）年には評論家・思想家徳富蘇峰が鷲羽山を訪れ、山頂を「鍾秀峰」と命名する。秀景をこの峰にあつめるという意味である。

目 氷ノ山後山那岐山国定公園 後山・那岐山

　氷ノ山後山那岐山国定公園は中国山地の東部に位置し、脊梁山地として兵庫県、鳥取県、岡山県の県境に連なる山地である。兵庫・鳥取県境の中

国地方第2の高さを誇る氷ノ山（1,510m）を最高峰として、兵庫・岡山県境には岡山県最高峰の後山（1,345m）、鳥取・岡山県境には那岐山がそびえる。山頂部はなだらかになっているが、豪雪地帯で、山腹は急傾斜で渓谷や瀑布が多い。後山は山腹にブナ林が広がり、豊かな動植物を育んでおり、行者川にはオオサンショウウオ、カジカなどが生息している。後山は古来修験道の霊場であり、今も山岳信仰の山として西の大峰山と呼ばれている。那岐山は360度の展望が開け、大山や瀬戸内海を望むことができる。

🗒 吉備路風土記の丘県立自然公園吉備路 ＊史跡

　古代の一大文化圏と考えられている吉備の文化を残す地域であり、美しい田園風景と一体となって、古代の風景をしのぶことができる。備中国分寺跡、備中国分尼寺跡、こうもり塚古墳、造山古墳などがあり、特に備中国分寺跡は江戸時代に再建された五重塔がたたずんでいる。古墳は前方後円墳で全国的にみても大規模なものである。

🏯 烏城公園 ＊史跡、重要文化財、日本の歴史公園100選

　中国地方の中心都市岡山市は、烏城こと岡山城の城下町として発展してきた。宇喜多直家、秀家親子により築城、城下町整備が行われた。岡山という地名は、秀家が本丸と天守を移した場所が小さな丘になっており、その名称が「岡山」だったことによる。すなわち、岡山と岡山城は一体として誕生したのである。この城が烏城と呼ばれるのは、質素で実戦向きの黒い下見板を張り巡らしているからであり、これは関ヶ原以前に築かれた城の特徴である。秀家は旭川を付け替え、本丸の北面から東面を巡らせ、堀として活用した。江戸期に入り城主は池田家に移るが、その時代、旭川を挟んで城の対岸につくられたのが日本三名園として名高い後楽園である。維新後、岡山城もまた御殿・櫓の多くが取り壊され、堀も埋められた。さらに、空襲によって、戦前国宝指定を受けていた天守も焼け落ちる。しかし戦後、1966（昭和41）年に天守は再建され、城址は約20.7haの烏城公園として整備されていった。

　本公園の整備方針の一つとして、岡山カルチャーゾーン一帯から、烏城の雄姿が望めるよう植栽などを維持管理する点があげられる。「岡山カルチャーゾーン」とは、城周辺の美術館・博物館・図書館・シンフォニーホー

Ⅳ　風景の文化編　　**171**

ルなど文化施設が集まる地域である。岡山の歴史・文化的な魅力のシンボルとして、このような城の眺望が捉えられているのである。では、この烏城の眺望上の特性、その魅力とは何か。一般に、日本の城の写真を眺めていると、一つの特徴に気がつく。正面から天守を撮る写真がほぼ見当たらないのである。城は必ず、斜め下から撮られている。「曲輪」という言葉に端的に表されているように、日本の城は直線的アクセスを嫌う。堀を挟んだ石垣の重層的な連なり、三の丸・二の丸・本丸と進む途上での、橋や門や櫓の重なり合い、破風の多彩な角度、これらの重層的な絡み合いが、城の眺望上の大きな特徴であり、魅力といえる。これは、烏城の眺望についても同様である。カルチャーゾーンをはじめ、市内随所で城を眺めると、必ず最初に不等辺五角形の天守が目に留まる。「岡山」の自然地形をそのまま活かして建築された天守は、この不等辺五角形の天守台の上に構築され、非対称的な形体をもつ。この特性が、旭川の流れ、後楽園の緑と相まって、さまざまなパースペクティブにおいて、重層的絡み合いを演出しているのである。

都 鶴山公園   ＊史跡、重要文化財、日本の歴史公園100選

　津山市は中国地方東部、岡山県北部の盆地にある。古来より美作地方の中心地として国府が置かれていた。近世に入り、津山盆地中央部に、森忠政が現在見られる形の津山城（別名鶴山城）を築いた。吉井川とその支流を堀に利用し、天然の断崖にそびえる平山城である。明治に入り、この城もまた廃城令によって取り壊される。しかし、地取り、縄張りは江戸時代初期の形式を良好に残しており、この城址は1900（明治33）年から鶴山公園として継承・活用されることとなった。その後逐次整備が重ねられ、2005（平成17）年には備中櫓の復元工事が完了した。現在、本公園は西日本有数の桜の名所として知られ、城山全体を染める花々は人々を酔わせる。ただし、この場所最大の魅力はその遠望にある。山々を越えて津山盆地に入る者は、吉井川から屹立する城山に目を奪われる。日本三大平山城に数えられるこの城山の風景は、まさに文字どおり津山のシンボルである。

都 西川緑道公園

　岡山市の中心部は、江戸初期につくられた西川用水によって南北に貫か

れていた。この用水路を原型に、1974（昭和49）年から9年かけて整備されたのが、全長2.4kmの西川緑道公園である。建設当時より全国的に注目されていたが、2006（平成18）年に市民懇談会が開催され、緑道公園の再整備プロジェクトが動き出した。その際キーコンセプトとなったのが、「歩けるまちづくり」「水と緑のネットワーク」「まちなかの魅力的空間」である。日々の生活空間が、水と緑と小動物によって彩られる。その心地良さを、住民と行政と各種団体が協働でつくりあげている。公共性の創出と居心地の良い景観の創出が連動する、公園まちづくりの良例として注目される。

庭 岡山後楽園 ＊特別名勝、日本の都市公園100選、日本の歴史公園100選

　岡山後楽園は、岡山城の北側を流れる旭川の対岸に位置しているため、江戸時代には「御後園」と呼ばれていた。藩主の別邸として造営されたもので、1700（元禄13）年に面積は約2万7,000坪（約8.9ha）だった。1871（明治4）年に『岳陽楼記』の「先に憂え後れて楽しむ」から「後楽園」と命名され、84（明治17）年に池田家から岡山県に譲渡されて一般に公開された。

　当初の造営工事は、1687〜1700（貞享4〜元禄13）年に行われた。基本的な計画は2代藩主池田綱政が行い、工事は藩郡代の津田永忠（1640〜1707）が担当し、配下の近藤七助と田坂与七郎が監督して、大坂出身の石工の河内屋治兵衛が施工をしている。土地造成が完了した後に、延養亭などの御殿部分や流店などが建てられ、ほぼ現状の庭園がつくられている。中央にある唯心山が築かれたのは、1735（享保20）年頃のことだった。

　この庭園の美しさは、曲水と呼ぶ流れと園池、築山、芝生、建築物などによっている。しかし、その優美さは、伝統的な日本庭園の常識を破ることで成立している。園池とその水源になっている曲水を地下埋設管（暗渠）でつないで、見た目には園池と曲水とを切り離す工夫がされている。曲水や園池の水は、現在は旭川の伏流水をポンプでくみ上げているが、当初は灌漑用水を兼ねて旭川の上流から水を引き、北側の川底に給水管を通してサイフォンの原理で園内に流し入れていた。

　こうした導水方法や曲水と園池を切り離すという工夫は、灌漑用水工事などで実績を積んできた津田永忠の考えに基づくようだ。江戸時代の庭園は一般的に、流れや園池の岸は自然石を組み合わせて囲っている場合が多いのだが、後楽園の流れの岸には割石が使用されて、流れを軽やかに見せ

Ⅳ　風景の文化編　173

ている。割石のような河川の護岸技術が使われているのは、石工の治兵衛が施工したからだろう。

庭 旧津山藩別邸庭園（衆楽園）＊名勝

　津山市山北にある衆楽園は、津山藩2代藩主の森長継が1655〜58年（明暦年間）に、他藩の使者を謁見する場として造営したという。98（元禄11）年に松平宣富が入部して、1734（享保19）年に建物を改築している。この時期の敷地は約2万3,500坪（7万7,500㎡）で、現在の3倍近くあったという。敷地は70（明和7）年に縮小されたが、その後に作成された絵図の庭園地割は、現在もそのまま残っている。江戸時代には「御対面所」などと呼ばれていたが、1870（明治3）年に「衆楽園」と改称され、1925（大正14）年には所管が岡山県から津山町に移っている。

　南北に長い敷地の大半を園池が占めていて、その周囲を巡る回遊式庭園になっている。園池には四つの中島が築かれていて、橋が架けられているので対岸に渡ることができる。園池の北側部分には築山が築かれ、その東側には1868年前後（幕末〜明治初頭）に設けられたという全長210mの曲水がある。園池の北西岸に2階建ての余芳閣と迎賓館、中島や東岸には亭などが、明治以降に再建されている。

庭 頼久寺庭園　＊名勝

　高梁市にある頼久寺は、1504〜21年（永正年間）に松山城主だった上野頼久が、荒廃していた寺院を再興して、自身の名を寺名にしたという。しかし、75（天正3）年に戦火で焼失して、乱後に毛利輝元が復興している。1600（慶長5）年の関ヶ原の合戦後、備中国奉行として松山に入った小堀新介（正次）と子の作助（政一、遠州）は、松山城が荒廃していたために頼久寺で政務を行ったという。そのため愛宕山を借景にした書院南東の庭園は、小堀遠州の作庭とされている。だが、1839（天保10）年に寺が類焼して、現在の伽藍が再建されたために、書院左手のサツキの大刈込みは美しいのだが、手前の巧みな配置の飛石は、現存の建物と合致していない。

地域の特性

　岡山県は、中国地方の南東部、瀬戸内海に面する県であり、1988（昭和63）年の瀬戸大橋開通で四国と直結した。瀬戸内気候のもとに温暖少雨で自然災害は少なく、古来農業の先進地域であり、ブドウ、マスカットの産地として知られる。岡山城を借景とした日本三名園の後楽園がある。倉敷は水島工業地帯の開発地でもあるが、一方、「重要建造物郡保存地区」制度のもとに、倉敷川岸の白壁土蔵が残る歴史的町並みが整備されて美観地区を構成し、ツタの這う大原美術館も多くの客を集めている。
◆旧国名：備前、備中、美作　県花：モモノハナ　県鳥：キジ

温泉地の特色

　県内には宿泊施設のある温泉地が41カ所あり、源泉総数は213カ所である。25℃未満の冷鉱泉が多く、3分の2を示している。湧出量は毎分2万ℓで全国34位であり、年間延べ宿泊客数は85万人で全国37位にランクされている。中国山地の山間地域に、湯原、湯郷、奥津の主な3温泉地が分布し、湯原と奥津は国民保養温泉地に指定されている。湯原はダムを背景にした露天砂風呂、奥津は足踏み洗濯の風習で知られる。

主な温泉地

①湯原温泉郷（湯原・真賀・足・郷緑・下湯原）　国民保養温泉地　単純温泉

　県中北部、中国山地の中央部に近い美作三湯の一つであり、湯原温泉郷の中心でもある湯原温泉は、旭川の上流にかかる湯原ダムの真下にある。砂湯の露天風呂は西の横綱に位置する評価を受けた。近くに真賀、足、郷緑、下湯原などの温泉地が点在し、これらを含めて湯原温泉郷を形成し、1956（昭和31）年に国民保養温泉地に指定された。

江戸時代、中心集落の湯原は森藩の支配下にあり、武士、農民、町人の湯治場として賑わい、大山信仰の経路であったため往来が盛んであった。温泉浴場は貸切の「幕湯」をはじめとして、身分によって4カ所の浴場があり、その一つは村民が無料で利用できた。明治中期には通行人が増加し、宿屋や料理屋、芸妓置屋の数も増えた。1934（昭和9）年の大水害によって温泉地再興の力を失った旅館経営者は、温泉の権利を湯原村へ譲渡し、村営大浴場が建築された。

　第2次世界大戦後は観光化が進展したが、1956（昭和31）年の早い時期に国民保養温泉地の指定を受け、山間の保養地として機能してきた。湯原は旭川の渓谷沿いに旅館が並び、1995（平成7）年には宿泊施設の数は18軒になり、中心部には飲食店が集中している。湯原温泉の象徴でもある湯原ダム下の名泉砂湯をはじめ、温泉郷内や近くには湯原富士の櫃ヶ山八合目付近のブナの原生林、特別天然記念物のオオサンショウウオ生息地、民俗資料館、こまの博物館などやマス釣り場、ゴルフ場、温泉プール、運動施設なども整備されている。

交通：JR姫新線中国勝山駅、バス35分

②奥津　国民保養温泉地
単純温泉

　県中北部、吉井川が温泉地の中央を流れ、名勝奥津渓でも知られる観光温泉地であり、美作三湯の一つである。1966（昭和41）年に国民保養温泉地、1991（平成3）年には国民保健温泉地に指定された。大国主命の命を受けた少彦名命が、地方巡視をした際、温泉を発見したという。戦国時代には、石州津和野藩主の坂崎氏など、多くの人々が身体を癒した。美作藩主は奥津温泉で入湯するために別荘を建設し、現在でも御殿屋敷の地名が残されている。藩主入湯の際は浴室に鍵がかけられ、一般人の入湯を禁止したために「鍵湯」といわれた。鍵湯は上湯、村湯は下湯といわれ、奥津温泉は昔から湯治場として賑わった。

　1914（大正3）年、錦泉楼が建設されたが、当時としては珍しい近代的温泉旅館の第1号であり、収容人員は約150人、芸妓が十数人いたという。しかし、1926年に出火して、温泉街は焼失した。その後、対岸の川西共同湯が村民のために建設され、旅館が増えた。第2次世界大戦前には文人墨客が訪れ、1933（昭和8）年の夏には与謝野鉄幹、晶子夫妻が訪れ、歌

を残している。奥津温泉の3km下流の奥津渓は1932（昭和7）年に国の名勝に指定され、観光価値を高めた。1962（昭和37）年、映画「秋津温泉」で一躍有名になり、その後、道の駅奥津温泉、日帰り温泉施設花美人の里が開業し、2001（平成13）年からは温泉手形による湯めぐりが始まった。足踏み洗濯は奥津を代表するイベントに成長した。

交通：JR姫新線津山駅、バス約1時間

③湯郷（ゆのごう）　塩化物泉

　県中東部、吉井川に沿って形成された温泉地で、美作三湯の一つとして知られる。平安時代初期、文殊菩薩の化身である白鷺に導かれて、円仁（滋覚大師）が発見したと伝えられる。鷺の湯共同浴場を中心に旅館が配置し、第2次世界大戦後の高度経済成長期には歓楽的色彩が強かった。現在では中国自動車道の美作インターに近く、ゴルフ場、テニスコートなども整備された温泉リゾートとして知られ、またブドウ、イチゴや栗の観光農園も分布していて、家族連れの温泉観光客が来訪している。

交通：JR姫新線林野駅、バス10分

Ⅳ　風景の文化編　177

執筆者 / 出典一覧

※参考参照文献は紙面の都合上割愛
しましたので各出典をご覧ください

Ⅰ　歴史の文化編

【遺　跡】　　石神裕之　（京都芸術大学歴史遺産学科教授）『47都道府県・遺跡百科』(2018)

【国宝 / 重要文化財】　森本和男　（歴史家）『47都道府県・国宝 / 重要文化財百科』(2018)

【城　郭】　　西ヶ谷恭弘　（日本城郭史学会代表）『47都道府県・城郭百科』(2022)

【戦国大名】　森岡浩　（姓氏研究家）『47都道府県・戦国大名百科』(2023)

【名門 / 名家】　森岡浩　（姓氏研究家)『47都道府県・名門 / 名家百科』(2020)

【博物館】　　草刈清人　（ミュージアム・フリーター）・可児光生　（美濃加茂市民ミュージアム館長）・坂本昇　（伊丹市昆虫館館長）・髙田浩二　（元海の中道海洋生態科学館館長）『47都道府県・博物館百科』(2022)

【名　字】　　森岡浩　（姓氏研究家)『47都道府県・名字百科』(2019)

Ⅱ　食の文化編

【米 / 雑穀】　井上繁　（日本経済新聞社社友）『47都道府県・米 / 雑穀百科』(2017)

【こなもの】　成瀬宇平　（鎌倉女子大学名誉教授）『47都道府県・こなもの食文化百科』(2012)

【くだもの】　井上繁　（日本経済新聞社社友）『47都道府県・くだもの百科』(2017)

【魚　食】　　成瀬宇平　（鎌倉女子大学名誉教授）『47都道府県・魚食文化百科』(2011)

【肉　食】　　成瀬宇平　（鎌倉女子大学名誉教授）・横山次郎　（日本農産工業株式会社）『47都道府県・肉食文化百科』(2015)

【地　鶏】　　成瀬宇平　（鎌倉女子大学名誉教授）・横山次郎　（日本農産工業株式会社）『47都道府県・地鶏百科』(2014)

【汁　物】　　野﨑洋光　（元「分とく山」総料理長）・成瀬宇平　（鎌倉女子大学名誉教授）『47都道府県・汁物百科』(2015)

【伝統調味料】　成瀬宇平　（鎌倉女子大学名誉教授）『47都道府県・伝統調味料百科』(2013)

【発　酵】　　北本勝ひこ　（日本薬科大学特任教授）『47都道府県・発酵文化百科』(2021)

【和菓子／郷土菓子】　亀井千歩子　（日本地域文化研究所代表）『47都道府県・和菓子／郷土菓子百科』(2016)

【乾物／干物】　星名桂治　（日本かんぶつ協会シニアアドバイザー）『47都道府県・乾物／干物百科』(2017)

Ⅲ　営みの文化編

【伝統行事】　神崎宣武　（民俗学者）『47都道府県・伝統行事百科』(2012)

【寺社信仰】　中山和久　（人間総合科学大学人間科学部教授）『47都道府県・寺社信仰百科』(2017)

【伝統工芸】　関根由子・指田京子・佐々木千雅子　（和くらし・くらぶ）『47都道府県・伝統工芸百科』(2021)

【民　話】　原田信之　（新見公立大学健康科学部教授）／花部英雄・小堀光夫編『47都道府県・民話百科』(2019)

【妖怪伝承】　木下　浩　（岡山民俗学会理事）／飯倉義之・香川雅信編、常光　徹・小松和彦監修『47都道府県・妖怪伝承百科』(2017) イラスト©東雲騎人

【高校野球】　森岡　浩　（姓氏研究家）『47都道府県・高校野球百科』(2021)

【やきもの】　神崎宣武　（民俗学者）『47都道府県・やきもの百科』(2021)

Ⅳ　風景の文化編

【地名由来】　谷川彰英　（筑波大学名誉教授）『47都道府県・地名由来百科』(2015)

【商店街】　河合保生　（ノートルダム清心女子大学文学部教授）／正木久仁・杉山伸一編著『47都道府県・商店街百科』(2019)

【花風景】　西田正憲　（奈良県立大学名誉教授）『47都道府県・花風景百科』(2019)

【公園／庭園】　西田正憲　（奈良県立大学名誉教授）・飛田範夫　（庭園史研究家）・井原　縁　（奈良県立大学地域創造学部教授）・黒田乃生　（筑波大学芸術系教授）『47都道府県・公園／庭園百科』(2017)

【温　泉】　山村順次　（元城西国際大学観光学部教授）『47都道府県・温泉百科』(2015)

索　　引

あ 行

赤木（名字）	54
明石氏	33
アカマツ	4
あきたこまち	59
秋庭氏	33
秋まつりと備中神楽	115
アケボノ	59
朝日	59
旭川	105
足守陣屋	26
小豆	61
小豆とぎ	135
あずまずし	97
アマゴの塩焼き	76
甘酒	96
アミ（小エビ）料理	75
アワ	60
家化け物	135
伊賀氏	33
イカナゴの酢のもの	93
伊木家	38
池田家	39
池田光政	8
石蟹氏	33
板倉勝静	9
板倉家	39
イチゴ	71
イチジク	70
一十林（名字）	56
伊東家	40
犬島	132
イノシシらーめん	81
伊原木家	40
院庄城	25
植月（名字）	54
魚島ずし	75
宇喜多氏	33, 38
牛窓	5, 153
牛窓神社	120
烏城公園	171
烏城紬	125
後山・那岐山	170
宇田川家	40

うちご	88
ウメ	71
梅の里公園	72
浦上氏	34
うるち米	59
Nの家族	20
えびす通商店街	160
江尻の糀漬け	97
江見氏	34
大浦神社	122
狼報恩	131
大蔵池南製鉄遺跡	17
大手まんぢゅう（大手饅頭）	
	66, 104
大橋家	41
大原家	41
大原孫三郎	9
大廻小廻山城	28
大元八幡神社	121
岡山朝日高	142
岡山学芸館高	142
岡山県古代吉備文化財セン	
ター	49
岡山県産森林どり	80, 84
岡山県産海苔	108
岡山県産フルーツ缶詰セッ	
ト	72
岡山県立博物館	47
岡山後楽園	72, 173
岡山後楽園お田植え祭	63
おかやま山陽高	142
岡山市	2
岡山シティミュージアム	48
おかやま地どり	80, 83
岡山城	25
岡山城東高	142
岡山大学農学部農芸化学	
コース	98
岡山天文博物館	49
岡山東商（高）	143
岡山理科大学恐竜学博物館	
	49
岡山理科大学ワイン発酵科	
学センター	99

岡山理大付高	143
おかやま和牛	78
荻野家	41
奥津	176
オケツ	135
御田植祭	114
小田県	9
小田氏	35
お歯黒	97
雄町	60
表町商店街	159
オリーブ	71
温羅	101

か 行

開龍寺	122
鏡野町のカタクリ	168
カキ	69
カキオコ	76
カキ料理	76
鶴山公園	172
鶴山公園のサクラ	163
鶴首城	30
学生服	2
笠岡氏	3
笠岡城	26
笠岡市立カブトガニ博物館	
	47
笠岡鶏そば	83
笠岡ラーメン	80
笠岡湾干拓地の花畑	165
勝山竹細工	127
門田貝塚	13
金蔵山古墳	15
カブトガニ博物館	47
かぶと煮	76
髪洗い女	135
神前神社 甘酒祭	98
鴨川手延べ	109
唐子踊	115
伽藍さま	136
川崎医科大学現代医学教育	
博物館	47
観光りんご園	72
関西高	143

神之淵池	61
キウイ	70
きくらげ(木耳)	108
キジ、雉	84
きぬむすめ	59
木下家	42
鬼ノ城	28, 153
鬼ノ城跡	17
吉備	2
キビ	61
きび(黍)	108
吉備丘陵の白桃のモモ	166
吉備国際大学農学部醸造学	
科	99
吉備路風土記の丘県立自然	
公園吉備路	171
吉備路文学館	50
きびだんご(吉備団子)	65,
101, 105	
吉備津神社	4
吉備津神社の鳴釜神事	116
吉備津神社本殿及び拝殿	21
吉備津の釜	5
吉備津彦	100
吉備津彦神社	121
旧落合長吉念寺の醍醐桜の	
サクラ	164
旧閑谷学校講堂	22
旧津山藩別邸庭園(衆楽園)	
	174
旧矢掛本陣石井家住宅	22
銀天街	161
草苅氏	35
件	136
國神社 甘酒祭り	98
国富(名字)	54
倉敷工(高)	143
倉敷市	3
倉敷商(高)	144
倉敷市立自然史博物館	46
倉敷美観地区	4
倉嶋神社	123
クラフトジン	96
倉紡記念館	50
倉安川用水	62
クリ	70
栗小豆おこわ	71
黒住(名字)	55
げたのずだんごのお汁(げ	
た=シタビラメ)	88
けんちゃん汁	88

玄賓僧都	132
源平藤戸合戦	102
鯉ヶ窪湿原の湿性植物	168
コイのから揚げ	76
鴻八幡宮	121
郷原漆器	126
後楽園	4, 154
小カブとシメジの柚子ドレ	
ッシング	72
『古事記』	7
コシヒカリ	59
呉汁	88
後醍醐天皇	133
後藤氏	35
コバノミツバツツジ	167
小早川秀秋	8
小麦	60
ゴンゴ(河童)	133
こんにゃく	109

さ 行

西大寺	120
西大寺の会陽	113
サガリ	136
サクラ	163, 164
サクランボ	69
佐々木盛綱	102
ささげ(ささぎ)	107
笹無山	102
笹巻き	103
佐治谷話	132
樅所氏	35
さばずし	75, 97
サバ鍋	75
サバ料理	75
猿神退治	132
さわら炒り焼き	74
サワラのこうず漬け	74
サワラ料理	74
三平汁	88
ししこま	104
シジミ汁	87, 88
治承・寿永の乱	9
閑谷学校	4, 154
閑谷学校資料館	50
閑谷焼	148
渋染一揆	9
清水氏	36
下津井城	27
シャコの二杯酢	75
シャコ料理	75

地野菜汁	88
ジャージー乳製品	96
衆楽園	174
しょうが醤油焼き	76
荘氏	36
醸造用米	60
焼酎	96
しょうぶ節供の「笹巻き」	
と「ほおかむり」	103
醤油	86, 91, 95
食塩	86, 92
白石島海苔	109
白神・白髪(名字)	54
白小豆	107
しんこ細工	66
新免(名字)	55
スイカ	70
スイトン	136
ズガニ料理	75
須々木(すずき／名字)	55
酢漬け	75
角南(すなみ／名字)	55
スネコスリ	136
スモモ	70
スリム e	84
清明上河図	21
西洋ナシ	69
関ヶ原の戦い	8
関家	42
鷲羽山	170
瀬戸のほんじお	92
妹尾	53
ぜんざい	87
センター街	160
千本桜	105
創志学園高	144
総社市	3
ソシオ一番街	161
ソース	92
そば	61
そば切り	67

た 行

大豆	61
タイのヒレ酒	76
高梁	155
高梁栄町商店街	162
高梁市	3
高梁の柚餅子	103
だし	92
太刀無銘一文字(山鳥毛)	3

索　引　181

楯築遺跡	14	西江家	43	蒜山そば	108
玉島商(高)	144	西川用水	61	蒜山やきそば	80
たまの温玉めし	83	西川緑道公園	172	広江・浜遺跡	17
玉野光南高	144	二条大麦	60	ビワ	70
玉野市	3	日本酒	95	福田神社	120
湛増(たんぞ / 名字)	56	『日本書紀』	7	フジ	164
千屋牛	78	日本ナシ	70	藤公園のフジ	164
チャワンコロバシ	136	にゅうめん(牛窓町)	67	藤戸(歌謡)	102
宙狐	137	にゅうめん(笠岡市)	67	藤戸まんぢゅう(藤戸饅頭)	
町営室原すもも園	72	ヌラリヒョン	138		66, 102
朝鮮通信使	8	鼠浄土	131	布施神社	119
調布	105	野崎家	43	布施神社のお田植祭	63
ツキノワ	137	野﨑家塩業歴史館	50, 98	ブドウ	68
津雲貝塚	13	野襖	138	船川八幡宮 土下座まつり	
作山古墳	15				98
造山古墳	6, 16	**は 行**		鮒飯	97
津島遺跡	13			船幽霊	139
槌ころび	137	白桃白だし	92	ブルーベリー	70
津山科学教育博物館(つや		化け狐	133	ぶんず汁粉	88
ま自然のふしぎ館)	48	化け狸	133	北条県	9
津山郷土博物館	48	はぜ	104	ほおかむり	103
津山市	3	はだか麦	60	干し柿	109
津山城	29	八幡神社	119	星空	6
津山ホルモンうどん	6, 79	蜂蜜酒(ミード)	96	星の里たまご	84
つるの玉子	83	八朔(旧8月1日)の「しし		盆踊(白石踊・大宮踊・松	
でみかつ丼	79	こま」	104	山踊)	114
テンペ	96	初雪	105	本通商店街	160
唐辛子	109	ハトムギ	60		
銅壷	20	はとむぎ茶	109	**ま 行**	
東西用水	61	花房(名字)	55		
戸川家	42	花房家	43	蒔田家	44
土倉家	43	浜焼きだい	76	牧氏	36
年取そば	67	ばらずし	74, 93	マダイの料理	76
取っ付く引っ付く	131	はんざき大明神	138	松平家	44
どどめせ	62	日笠社	36	松田氏	37
宿直(とのい / 名字)	56	日置家	44	松乃露	106
ドレッシング	92	美星ミート	79	祭りずし	62
		備前長船刀剣博物館	49	真鍋(名字)	55
な 行		備前焼	126, 147	ままかりずし	6, 62, 75
		備中国分寺のレンゲ	165	ママカリの酢漬け	97
長島愛生園歴史館	48	備中高松城	27	ママカリ料理	75
流し焼き	66	備中国青江	8	三浦家	44
ナガズト	137	備中松山城	5, 31	三浦氏	37
奈義町産おかやま黒豚	79	備中和紙	127	美甘	155
奈義ビーフ	78	ヒノヒカリ	59	ミカン	70
ナシ	69, 70	ひめの餅	109	見越し入道	139
梨とキノコのゴマ酢あえ	71	ヒラメ料理(ヒラメとはア		味噌	86, 91, 95
撫川うちわ	128	マゴのこと)	76	箕作家	45
七日祈禱	63	ビール	96	湭(みなもと / 名字)	56
ナメラスジ	138	蒜山おこわ	63, 71	三村氏	37
納戸婆	138	蒜山高原	2, 5	虫明(名字)	56
難波	53	蒜山ジャージー	78	虫明焼	148

むらすゞめ	105	ヤシロモチ	60	両山寺	119
メツマミ	139	山崎家	45	リンゴ	70
メロン	69	山田方谷	9, 103	レモン	69
面鳥鍋	83	ヤマブドウ	71	レンゲ	165
もち米	59	由加山あんころ	105	ろっかつふえて(6月1日)	
元魚町・本町・京町商店街		ユズ	70	の「はぜ」	104
	161	ユズのうま煮	72		
モモ(桃)	4, 69, 166	湯郷	177	**わ 行**	
桃太郎	100, 130	湯原温泉郷	175	ワイン	96
桃太郎伝説	5	湯原ししラーメン	81	和気(名字)	56
や 行		ゆべし	97	和気町田原井堰資料館	62
矢掛	156	用木山遺跡	14	鷲羽山	170
矢掛の柚べし	105	横溝正史	5	鷲羽山・王子が岳のコバノ	
弥上古墳	16	**ら 行**		ミツバツツジ	167
焼きんぽう	65	頼久寺庭園	174	渡り拍子	63
				割り干し大根	108

47都道府県ご当地文化百科・岡山県

令和6年10月30日　発　行

編　者　　丸　善　出　版

発行者　　池　田　和　博

発行所　　丸善出版株式会社
　　　　　〒101-0051 東京都千代田区神田神保町二丁目17番
　　　　　編集：電話 (03) 3512-3264／FAX (03) 3512-3272
　　　　　営業：電話 (03) 3512-3256／FAX (03) 3512-3270
　　　　　https://www.maruzen-publishing.co.jp

© Maruzen Publishing Co., Ltd. 2024

組版印刷・富士美術印刷株式会社／製本・株式会社 松岳社

ISBN 978-4-621-30956-8　C 0525　　　　　Printed in Japan

JCOPY 〈(一社)出版者著作権管理機構　委託出版物〉
本書の無断複写は著作権法上での例外を除き禁じられています．複写
される場合は，そのつど事前に，(一社)出版者著作権管理機構（電話
03-5244-5088, FAX 03-5244-5089, e-mail：info@jcopy.or.jp）の許諾
を得てください．

【好評既刊 ● 47都道府県百科シリーズ】
（定価：本体価格3800〜4400円＋税）

47都道府県・**伝統食百科**……その地ならではの伝統料理を具体的に解説

47都道府県・**地野菜/伝統野菜百科**……その地特有の野菜から食べ方まで

47都道府県・**魚食文化百科**……魚介類から加工品、魚料理まで一挙に紹介

47都道府県・**伝統行事百科**……新鮮味ある切り口で主要伝統行事を平易解説

47都道府県・**こなもの食文化百科**……加工方法、食べ方、歴史を興味深く解説

47都道府県・**伝統調味料百科**……各地の伝統的な味付けや調味料、素材を紹介

47都道府県・**地鶏百科**……各地の地鶏・銘柄鳥・卵や美味い料理を紹介

47都道府県・**肉食文化百科**……古来から愛された肉食の歴史・文化を解説

47都道府県・**地名由来百科**……興味をそそる地名の由来が盛りだくさん！

47都道府県・**汁物百科**……ご当地ならではの滋味の話題が満載！

47都道府県・**温泉百科**……立地・歴史・観光・先人の足跡などを紹介

47都道府県・**和菓子/郷土菓子百科**……地元にちなんだお菓子がわかる

47都道府県・**乾物/干物百科**……乾物の種類、作り方から食べ方まで

47都道府県・**寺社信仰百科**……ユニークな寺社や信仰を具体的に解説

47都道府県・**くだもの百科**……地域性あふれる名産・特産の果物を紹介

47都道府県・**公園/庭園百科**……自然が生んだ快適野外空間340事例を紹介

47都道府県・**妖怪伝承百科**……地元の人の心に根付く妖怪伝承とはなにか

47都道府県・**米/雑穀百科**……地元こだわりの美味しいお米・雑穀がわかる

47都道府県・**遺跡百科**……原始〜近・現代まで全国の遺跡＆遺物を通観

47都道府県・**国宝/重要文化財百科**……近代的美術観・審美眼の粋を知る！

47都道府県・**花風景百科**……花に癒される、全国花物語350事例！

47都道府県・**名字百科**……NHK「日本人のおなまえっ！」解説者の意欲作

47都道府県・**商店街百科**……全国の魅力的な商店街を紹介

47都道府県・**民話百科**……昔話、伝説、世間話…語り継がれた話が読める

47都道府県・**名門/名家百科**……都道府県ごとに名門/名家を徹底解説

47都道府県・**やきもの百科**……やきもの大国の地域性を民俗学的見地で解説

47都道府県・**発酵文化百科**……風土ごとの多様な発酵文化・発酵食品を解説

47都道府県・**高校野球百科**……高校野球の基礎知識と強豪校を徹底解説

47都道府県・**伝統工芸百科**……現代に活きる伝統工芸を歴史とともに紹介

47都道府県・**城下町百科**……全国各地の城下町の歴史と魅力を解説

47都道府県・**博物館百科**……モノ＆コトが詰まった博物館を厳選

47都道府県・**城郭百科**……お城から見るあなたの県の特色

47都道府県・**戦国大名百科**……群雄割拠した戦国大名・国衆を徹底解説

47都道府県・**産業遺産百科**……保存と活用の歴史を解説。探訪にも役立つ

47都道府県・**民俗芸能百科**……各地で現存し輝き続ける民俗芸能がわかる

47都道府県・**大相撲力士百科**……古今東西の幕内力士の郷里や魅力を紹介

47都道府県・**老舗百科**……長寿の秘訣、歴史や経営理念を紹介

47都道府県・**地質景観/ジオサイト百科**……ユニークな地質景観の謎を解く

47都道府県・**文学の偉人百科**……主要文学者が総覧できるユニークなガイド